LE LIVRE ULTIME DE RECETTES DE GRILL FUMÉES BBQ

Plus de 100 recettes pour obtenir des résultats délicieux sur votre gril à chaque fois.

Maddie Laurent

© COPYRIGHT 2021 TOUS DROITS RÉSERVÉS

Ce document vise à fournir des informations exactes et fiables sur le sujet et la problématique abordés. La publication est vendue avec l'idée que l'éditeur n'est pas tenu de rendre des services comptables, officiellement autorisés ou autrement qualifiés. Si des conseils juridiques ou professionnels sont nécessaires, une personne ayant exercé la profession doit être mandatée. Il n'est en aucun cas légal de reproduire, dupliquer ou transmettre toute partie de ce document sous forme électronique ou imprimée. L'enregistrement de cette publication est strictement interdit et tout stockage de ce document n'est autorisé qu'avec l'autorisation écrite de l'éditeur. Tous les droits sont réservés.

Avertissement de non-responsabilité, les informations contenues dans ce livre sont véridiques et complètes au meilleur de notre connaissance. Toute recommandation est faite sans garantie de la part de l'auteur ou de l'édition de l'histoire. L'auteur et l'éditeur déclinent toute responsabilité quant à l'utilisation de ces informations

Table des matières

INTRODUCTION 9

RECETTES VÉGÉTARIENNES 11

1. Feta grillée 11
2. Carottes grillées 13
3. Focaccia grillée 15
4. Pommes de terre au citron grillées 17
5. Tomates couscous grillées 19
6. Asperges vertes grillées sauce citron 21
7. Brochettes de fromage grillé et tomates 22
8. pleurotes grillés 25
9. Tomates aux herbes grillées 27
10. Champignons grillés farcis à la feta 29
11. Ratatouille de légumes grillés 31
12. Courgettes frites à l'huile d'olive 33
13. Artichauts grillés avec mayonnaise au wasabi 35
14. Ananas grillé au caramel salé et chips tortilla 37
15. Champignons farcis du grill 39
16. Pommes de terre sautées au grill 41

17. Bâtonnets d'ail du gril 43

18. Cèpes grillés 45

19. Baguette à l'ail des ours grillé 47

20. Aubergines grillées à l'huile d'ail 49

ACCOMPAGNEMENTS GRIL 50

21. Ketchup épicé aux tomates 50

22. Carottes grillées 52

23. Petits pains plats 54

24. Maïs mexicain en épi 56

25. Tomates aux herbes grillées 58

26. Pommes de terre à pizza 60

27. Chutney de mangue 62

28. Radis hardcore 63

29. Chimichurri 65

30. Frites de carottes 67

31. Pommes de terre grillées aux herbes 69

32. Courgettes grillées au fromage de brebis 71

33. Aubergines aux graines de grenade 73

34. Laitue romaine grillée avec vinaigrette à la 74

menthe 74

35. Brochettes de légumes grillés 77

PAIN GRILLÉ 79

36. Pain blanc fourré 79

37. Pain aux noix 81

38. Bâtonnets de pain aux tomates 83

39. Focaccia grillée 85

40. Pain aux tomates 87

41. Salade de pain croustillant et fromage 89

42. Petits Pains Plats 92

43. Pain gratiné 94

44. Pains au saumon fumé 95

45. Sandwich au cochon de lait 97

PORC GRILLÉ 99

46. Filet de porc grillé 99

47. Cou de porc grillé 101

48. Côtes levées en marinade à la bière 103

49. Spare ribs sauce miel-chili 104

50. Côtes levées en marinade à la bière 107

51. Cevapcici 109

52. Spare ribs au beurre de cacahuètes 111

53. Côtes levées à la caribéenne 113

54. Pain gratiné 115

55. Escalopes de porcs fermiers au barbecue 116

56. Escalope Grillée 118

57. Rouleaux de surlonge de porc épicé 120

58. Médaillons de porc mariné 122

59. Jarret de porc grillé 124

60. Côtes levées avec frottage sec 126

FRUITS DE MER ET POISSONS 128

61. Rouleau de saumon farci du grill 128

62. Thon sur bâton 130

63. sardines grillées 132

64. Dorade Grillée 134

65. Gambas grillées 136

66. Langoustines grillées sur wok de légumes 138

67. Brochettes de fruits de mer grillés 140

68. Brochette de poisson sauce tarator 142

69. Saumon des Alpes Grillé 144

70. Feta méditerranéenne en papillote 145

RECETTES DE BOEUF 146

71. Steak de Porterhouse à base de fumée de whisky 147

72. Cevapcici en galette 149

73. Steakburger de luxe 151

- 74. Burger de boeuf effiloché 153
- 75. Bœuf effiloché du fumoir 154
- 76. Bavette dans la marinade teriyaki 156
- 77. Steak de Porterhouse de la planche de whisky . 158
- 78. Contre-filet avec pain à l'ail 160
- 79. T-Bone grillé inversé 162
- 80. Côtes de Boeuf de la fumée de hickory 164

SAUCES BARBECUE 166
- 81. Sauce tomate épicée 166
- 82. Recette de beurre Café de Paris 169
- 83. Recette de chutney de tomates 171
- 84. Sauce Moutarde Caroline 173
- 85. Yaourt citron-menthe 176
- 86. Recette Chutney Rhubarbe 178
- 87. Recette de sauce hollandaise 180
- 88. Recette de Guacamole 182
- 89. Recette de pesto au basilic 184
- 90. sauce teriyaki 185

LA VOLAILLE 187

91. Poulet Grillé 187

92. Ailes de poulet grillées 189

93. Brochettes de poulet yakitori grillées 191

94. Poitrine de poulet grillée aux épinards 192

95. Poitrine de Poulet au Sésame 194

96. Rouleaux de jambon feta grillés 196

97. Sandwichs au poulet grillé 197

98. Filet de poulet grillé au guacamole 199

99. Brochettes de bananes et poulet grillées 201

100. Rôti de rouleau de dinde grillée 203

CONCLUSION 205

INTRODUCTION

La technique consistant à rôtir de la viande ou d'autres aliments sur du charbon est utilisée depuis que l'humanité a maîtrisé le feu, peut-être la plus ancienne forme de cuisson utilisée avec des variations régionales dans différentes parties du monde.

Le barbecue est le barbecue américain populaire aux États-Unis. Il utilise une plus grande variété d'ingrédients (des côtelettes de porc et des hamburgers à la volaille, au poisson et aux fruits de mer) ainsi que des sauces savoureuses pour l'assaisonnement. Il est également courant d'utiliser des grils électriques à la place du gril à charbon traditionnel lors de la cuisson.

Les grillons étaient la nourriture principale des gauchos qui travaillaient avec le bétail dans le passé. Ils rôtissent la viande en plein champ avec des brochettes en bois posées sur des tranchées.

La viande n'était assaisonnée qu'avec du sel. Les grillades sont devenues populaires auprès des citadins des fermes. Il a commencé à être cuisiné à la maison et apprécié dans des restaurants typiques, les steakhouses.

Le barbecue Gaucho est fait de bœuf rôti sur des charbons. Les morceaux de viande placés sur des brochettes ou des grilles (en bois ou en métal) sont lentement exposés à un bol de charbon de bois ou de bois de chauffage. Les flammes doivent être évitées car elles brûlent la viande à l'extérieur et la laissent derrière elles. Les viandes froides les plus populaires sont le steak, les côtes levées, le bifteck de flanc et le filet. La viande peut être servie saignante, à point ou bien cuite, les salades, le pain et la farofa étant les plats d'accompagnement les plus courants.

Aujourd'hui, la saucisse, l'agneau, le porc et le poulet font également partie du barbecue gaucho. La technique de préparation est la même que pour le bœuf ; dans certains cas, les sauces peuvent également être utilisées pour l'assaisonnement et le sel.

RECETTES VÉGÉTARIENNES

1. Feta grillée

Ingrédients

- 400g de féta
- Écouter 1 bouton d'orteil
- 2 huile d'olive
- 2 brins de romarin
- 150 g de myrtilles
- 1 miel

- 2 vinaigres de vin rouge

Étapes de préparation

1. Mettre la feta dans les bols en inox Eplucher et hacher finement l'ail et l'étaler sur la feta. Poivrer et arroser d'1 cuillère à soupe d'huile d'olive. Griller sur le gril environ 15 minutes.
2. Pendant ce temps, faites chauffer le reste d'huile dans une petite casserole, ajoutez les brins de romarin dans la casserole et laissez infuser 3-4 minutes à feu doux.
3. Ajouter les myrtilles et le miel dans la casserole et laisser mijoter brièvement, déglacer avec le vinaigre et laisser mijoter 2-3 minutes.
4. Verser la sauce aux bleuets et au romarin sur la feta grillée et servir.

2. Carottes grillées

Ingrédients

- 800g de carottes
- 3 cuillères à soupe d'huile d'olive
- ½ cuillère à café de miel liquide
- 1 ½ cuillère à soupe de jus d'orange
- ½ cuillère à café d'origan séché
- sel de mer
- poivre

Étapes de préparation

1. Nettoyer, éplucher et couper les carottes en deux dans le sens de la longueur. Mélanger l'huile avec le miel, le jus d'orange et l'origan. En badigeonner la surface coupée des carottes et les placer sur la grille chaude.
2. Fermez le couvercle et faites griller les carottes pendant environ 6 minutes. Salez, poivrez et servez dans 4 assiettes.

3. Focaccia grillée

Ingrédients

- ½ cube de levure
- 1 cuillère à café de sirop d'agave
- 500 g de farine de blé entier
- 1 cuillère à café de sel
- 1 gousse d'ail
- 2 brins de romarin
- 2 huile d'olive

Étapes de préparation

1. Émietter la levure dans un petit bol et verser le sirop d'agave dessus. Laisser reposer environ 10 minutes jusqu'à ce que la levure soit dissoute et commence à bouillonner.
2. Mettez la farine et le sel dans un bol. Ajouter la levure et 300 ml d'eau tiède et travailler en une pâte lisse. Si nécessaire, ajoutez un peu plus d'eau. Couvrir la pâte et la laisser reposer environ 2 heures.
3. Pendant ce temps, appuyez sur la gousse d'ail. Retirez les aiguilles de romarin des branches. Faites chauffer l'huile d'olive dans une poêle, laissez infuser l'ail et le romarin 10 minutes à feu doux.
4. Divisez la pâte en quatre portions à peu près égales et façonnez des gâteaux de pâte ovales avec vos mains sur un plan de travail légèrement fariné. Badigeonner la pâte d'huile de romarin et faire griller sur le gril avec le couvercle fermé pendant 3-4 minutes.

4. Pommes de terre au citron grillées

Ingrédients

- 800 g de petites pommes de terre
- sel
- 3 gousses d'ail
- 1 citron bio
- 4 cuillères à soupe d'huile d'olive
- poivre

Étapes de préparation

1. Lavez les pommes de terre et pré-cuisez-les dans de l'eau bouillante salée pendant environ 15 minutes. Pendant ce temps faire chauffer le grill.
2. Épluchez l'ail et coupez-le en fines lamelles. Lavez le citron à l'eau chaude, essuyez-le, frottez le zeste et pressez le jus. Mélanger les deux avec l'ail et l'huile, assaisonner de sel et de poivre. Égoutter les pommes de terre, évaporer, couper les grosses pommes de terre en deux si besoin et mélanger avec la marinade.
3. Placer les pommes de terre dans un bol et griller jusqu'à ce qu'elles soient dorées, en les retournant de temps en temps.
4. Servir dans des petits bols.

5. Tomates couscous grillées

Ingrédients

- sel
- 2 cuillères à soupe d'huile d'olive
- 200g de couscous instantané
- 50 g de pignons de pin
- ½ bouquet de persil
- 1 botte d'oignons de printemps
- 30 g de raisins secs
- 1 cuillère à café de poudre de paprika rose
- 1 cuillère à café de cannelle
- poivre
- 1200 g de tomates (6 tomates)

Étapes de préparation
1. Porter à ébullition 250 ml d'eau salée avec l'huile. Retirer du feu et verser le couscous.
2. Remuer brièvement et couvrir et laisser tremper pendant 5 minutes.
3. Mettre dans un bol et égrener avec une fourchette.
4. Faire griller des pignons de pin dans une poêle sans matière grasse.
5. Laver le persil, secouer pour le sécher, hacher les feuilles. Nettoyez, lavez et émincez finement les oignons nouveaux.
6. Mélanger le couscous avec les pignons de pin, le persil, les oignons nouveaux, les raisins secs, la poudre de paprika et la cannelle. Assaisonnez avec du sel et du poivre.
7. Laver les tomates. Coupez un couvercle et grattez les graines avec une cuillère à soupe.
8. Salez et poivrez l'intérieur des tomates et remplissez de couscous. Remettez les couvercles.
9. Faire griller les tomates sur une plaque de cuisson légèrement huilée sur le gril moyenchaud pendant 10 minutes. Couvrir les tomates avec un bol en métal (ou les faire

griller sous un grill fermé, si vous en avez un).

6. Asperges vertes grillées sauce citron

Ingrédients

- 1kg d'asperges vertes
- sel
- 3 citrons bio
- 4 cuillères à soupe d'huile d'olive
- poivre
- 1 cuillère à soupe de miel

Étapes de préparation

1. Lavez les asperges, épluchez le tiers inférieur, coupez les extrémités ligneuses. Plonger les asperges dans de l'eau bouillante salée pendant 5 minutes, égoutter et rincer à l'eau froide (blanchir). Bien égoutter.
2. Pour la vinaigrette, lavez les citrons à l'eau chaude et essuyez-les. Couper 2 citrons en tranches fines et presser le reste. Mélanger le jus de citron avec l'huile. Assaisonner avec du sel, du poivre et du miel et assaisonner au goût.
3. Faire griller les asperges sur un gril chaud pendant 3 à 5 minutes en les retournant. Dresser sur une assiette avec les quartiers de citron et servir arrosé de vinaigrette.

7. Brochettes de fromage grillé et tomates

Ingrédients

- 300 g de tomates cocktail
- 300g de féta
- 4 oignons rouges
- 1 gousse d'ail
- 4 tiges d'aneth
- 4 cuillères à soupe d'huile d'olive
- sel
- poivre

Étapes de préparation

1. Laver les tomates et les couper en deux. Couper la feta en dés. Eplucher les oignons et les couper en quartiers.
2. Épluchez l'ail et coupez-le très finement. Lavez l'aneth, essorez-le, arrachez les fanes et hachez grossièrement. Mélanger l'ail et l'aneth avec l'huile.
3. Mettre les tomates sur les brochettes en alternant avec la feta et les oignons et badigeonner d'huile. Laissez infuser environ

30 minutes. Salez, poivrez et faites griller sur le gril chaud pendant environ 6 à 8 minutes, en retournant de temps en temps.

8. pleurotes grillés

Ingrédients

- 1 cuillère à soupe de cerneaux de noix
- 3 tiges de persil plat
- 250 g de pleurotes (environ 8 champignons)
- 2 cc d'huile de colza
- sel
- poivre grossièrement moulu
- 1 cuillère à soupe d'huile de noix

Étapes de préparation

1. Hacher les noix. Lavez le persil, essorez-le, effeuillez-le et hachez-le grossièrement.
2. Nettoyez les pleurotes et coupez la base de chaque tige.
3. Enduisez un plat en aluminium ou une lèchefrite d'huile de colza. Placer les pleurotes sur le dessus et faire griller sur le gril chaud pendant 1 à 2 minutes de chaque côté.
4. Assaisonnez avec du sel et du poivre. Arrosez d'huile de noix, saupoudrez de persil et de noix et servez.

9. Tomates aux herbes grillées

Ingrédients

- 8 tomates bifteck mûres
- 4 cuillères à soupe d'huile d'olive extra vierge
- 10 g d'origan (0,5 botte)
- 2 gousses d'ail
- sel
- poivre

Étapes de préparation

1. Lavez et coupez les tomates en deux, badigeonnez-les d'un peu d'huile, placez la surface coupée sur une table ou un gril à charbon et faites-les griller jusqu'à ce qu'elles soient dorées en quelques minutes. Pendant ce temps, lavez l'origan, essorez-le et retirez les feuilles. Peler l'ail. Hachez les deux.
2. Mélanger l'huile restante avec l'origan, l'ail, le sel et le poivre. Badigeonner les surfaces coupées des tomates chaudes avec le mélange et servir chaud.

10. Champignons grillés farcis à la feta

Ingrédients

- 8 champignons portobellos comestibles
- 2 échalotes
- 1 gousse d'ail
- 6 tomates
- 4 cuillères à soupe d'huile d'olive
- 2 cuillères à soupe de chapelure de grains entiers
- 1 cuillère à café d'origan séché
- sel

- poivre
- 80g de fromage de brebis

Étapes de préparation

1. Nettoyez les champignons et dévissez les tiges. Couper finement les tiges. Évidez les capuchons. Épluchez et émincez finement les échalotes et l'ail. Laver les tomates. Pour éplucher les tomates, faites une entaille en croix avec un couteau de cuisine, ébouillantez avec de l'eau bouillante pendant quelques secondes, rincez et épluchez. Couper en quartiers, épépiner et couper les tomates en dés.

2. Pour la garniture, faites chauffer 2 cuillères à soupe d'huile d'olive dans une poêle. Ajouter les tiges de champignons coupées en dés, les échalotes et l'ail et faire revenir à feu moyen pendant 2-3 minutes. Ajouter les tomates et laisser mijoter environ 5 minutes. Hors du feu, incorporer la chapelure et l'origan. Assaisonner au goût avec du sel et du poivre.

3. Badigeonner les chapeaux de champignons avec le reste d'huile et remplir. Placer sur le gril et griller avec le couvercle fermé pendant 10 à 15 minutes. Émietter le

fromage de brebis. Étaler sur les champignons et faire griller encore 4 à 5 minutes. Sers immédiatement.

11. Ratatouille de légumes grillés

Ingrédients
- 3 poivrons (rouge, jaune et vert)
- 1 courgette
- 1 aubergine
- 1 oignon
- sel
- poivre
- huile d'olive

- 1 boîte(s) de tomates (en jus, env. 850 g)
- Vinaigre balsamique
- 1 pincée de sucre
- Romarin
- thym
- sauge

préparation

1. Épluchez le paprika cru des légumes grillés pour la ratatouille, retirez le cœur et coupez-le en morceaux. Couper les courgettes en rondelles, éplucher l'aubergine et l'oignon et les couper en rondelles. Saler et poivrer tous les légumes, arroser d'un peu d'huile d'olive, griller des deux côtés.
2. Faire réduire un peu les tomates avec du sel, du poivre, du vinaigre balsamique et du sucre. Égoutter les tomates, mélanger avec les légumes grillés et réchauffer brièvement. Assaisonnez la ratatouille des légumes grillés avec du romarin, du thym et de la sauge hachés.

12. Courgettes frites à l'huile d'olive

Ingrédients

- 4 courgettes (petites)
- sel
- Poivre (fraîchement moulu)
- 3 morceaux de gousses d'ail (pelées et légèrement pressées)
- 1 morceau de brins de thym
- 1 branche de romarin
- huile d'olive **préparation**

1. Lavez les courgettes dans l'huile d'olive et coupez-les en tranches oblongues pour les courgettes frites (env. 4 mm).
2. Il est préférable de faire frire dans de l'huile d'olive avec du sel et du poivre dans une poêle en fonte (ou sur le gril).
3. Disposez-les dans un bocal une fois qu'elles sont bien dorées.
4. Ensuite, faites suer l'ail et versez sur les courgettes avec beaucoup d'huile d'olive et d'herbes.
5. Mettre au réfrigérateur ou arroser de vinaigre balsamique encore chaud et servir avec du parmesan.

13. Artichauts grillés avec mayonnaise au wasabi

Ingrédients
Pour les artichauts :
- 4 artichauts
- 2 cuillères à soupe d'huile d'olive
- 1 citron (jus)
- sel de mer

Pour la mayonnaise :
- 2 jaunes d'oeufs
- 1 citron (jus et zeste)

- 1 cuillère à café de poudre de wasabi
- 100 ml d'huile de tournesol
- sel

préparation
1. Dans une grande tasse, réduire en purée les jaunes d'œufs avec le jus et le zeste de citron et la poudre de wasabi à l'aide d'un mixeur plongeant. Incorporer lentement l'huile de tournesol et mélanger. Assaisonner avec du sel au goût.
2. Les artichauts doivent être lavés et nettoyés, et la tige doit être coupée juste au-dessus de la tige. Ouvrir légèrement les feuilles, verser un filet de jus de citron dans les tasses et assaisonner légèrement.
3. Enveloppez les artichauts dans du papier aluminium et enfournez 25 minutes à 190 degrés Celsius.
4. Retirez les feuilles du papier d'aluminium, arrachez les feuilles extérieures, coupez-les en deux et faites revenir l'huile d'olive dans une poêle à griller.

14. Ananas grillé au caramel salé et chips tortilla

Ingrédients
- 1 ananas (pelé, coupé en quartiers, coupé 3 blocs de chaque quartier)
- 6-8 cuillères à soupe de sucre cristallisé
- 150 ml de lait de coco
- sel de mer
- 1 paquet de chips tortilla
- Menthe (fraîche) **préparation**

1. Pour l'ananas grillé au caramel au beurre salé et aux chips de tortilla, faites d'abord fondre le sucre dans une casserole pour le caramel et faites-le caraméliser jusqu'à ce qu'il soit relativement noir. Déglacer ensuite avec le lait de coco et réduire en sirop. Assaisonner au goût avec du sel de mer.
2. Faites griller l'ananas dans la lèchefrite de tous les côtés jusqu'à ce qu'il soit chaud.
3. Placer l'ananas sur l'assiette, arroser de caramel au beurre salé, décorer de feuilles de menthe et servir l'ananas grillé avec le caramel au beurre salé et les chips tortilla.

15. Champignons farcis du grill

Ingrédients
- 8 pièces Champignons (gros)
- 1 tasse de fromage à la crème aux herbes (biologique)
- 5 dag Emmentaler (râpé, bio)
- 1 cuillère à café de sel
- Poivre (du moulin) **préparation**

1. Nettoyez les champignons et retirez les tiges avant de les farcir. A l'aide d'un coupe

melon, grattez l'intérieur des champignons pour créer un joli creux, puis placez-les dans un bol.
2. Mélanger le fromage à la crème aux herbes et l'Emmental râpé. Assaisonnez avec du sel et du poivre selon votre goût. La garniture doit être fourrée dans les chapeaux de champignons.
3. Si l'intérieur des champignons ne suffit pas, vous pouvez toujours couper quelques tiges en fins cubes et les mélanger avec le reste du mélange.
4. Déposez les champignons sur une petite plaque à pâtisserie ou une cocotte par exemple légèrement huilée et enfournez 10 minutes environ à 160°C.
5. Ensuite, pendant environ 5 à 10 minutes, placer sur le gril et cuire jusqu'à cuisson complète.

16. Pommes de terre sautées au grill

Ingrédients
- 12 pommes de terre (taille moyenne)
- 2 cuillères à soupe de persil (frais et haché)
- 2 gousse(s) d'ail
- huile d'olive
- sel
- poivre

préparation
1. Couper les pommes de terre moyennes à légèrement petites en deux dans le sens de la longueur (couper au point le plus large).

Mélangez ensuite le persil haché et la gousse d'ail pressée dans un bol et versez l'huile d'olive (quantité à volonté).
2. Placez maintenant les moitiés de pommes de terre avec la surface coupée vers le haut et badigeonnez-les d'huile d'olive ail-persil. Laissez tremper quelque chose et placez d'abord le côté coupé sur le gril.
3. Au total, les pommes de terre frites du gril prennent environ 20 minutes, selon le type de gril.

17. Bâtonnets d'ail du gril

Ingrédients
- 1/2 kg de farine (moitié onctueuse / moitié adhérente)
- 1 cuillère à café de sel
- 20 g d'huile
- 1 sachet de levure sèche
- 300 g de bière de malt
- 1 bulbe(s) d'ail
- Huile (quelque chose pour l'ail) **préparation**

1. Pour les bâtonnets d'ail du gril, épluchez l'ail, hachez-le finement et mélangez-le avec un peu d'huile d'olive. Ensuite, préparez une pâte levée à partir de farine, levure sèche, sel, huile et bière de malt et laissez reposer pendant 1/2 heure.
2. Former des boules de 80 g et laisser reposer encore 15 minutes. Etalez ensuite en longs gâteaux plats, badigeonnez d'ail finement haché et roulez.
3. Rouler à nouveau les rouleaux finis à plat avec le rouleau à pâtisserie et visser. Cuire sur le gril à 180 degrés.

18. Cèpes grillés

Ingrédients

- 100 g de cèpes *Pour la marinade* :
- 2 cuillères à soupe d'huile d'olive
- 1 gousse(s) d'ail
- 1/2 cuillère à café de sel
- Thym (frais)
- Origan (frais) **préparation**

1. Pour les cèpes grillés, nettoyez les cèpes et coupez-les en env. Tranches fines de 1 cm. Ne coupez que les petits champignons en

deux. Faire la marinade avec l'huile d'olive, la gousse d'ail écrasée, le sel, le thym frais et l'origan. Placer les cèpes dans la marinade.
2. Faire griller dans une lèchefrite pendant environ 10 minutes.

19. Baguette à l'ail des ours grillé

Ingrédients
- 1 baguette
- 80g de beurre
- 4 gousse(s) d'ail
- 1 botte d'ail des ours (environ 35 g)
- sel

préparation
1. Préparez d'abord le beurre à l'ail des ours. Pour ce faire, réchauffez le beurre à

température ambiante et enfoncez-y les gousses d'ail.
2. Lavez l'ail des ours, égouttez-le bien et hachez-le finement. Ajouter l'ail sauvage et le sel au beurre et bien mélanger. Couper environ un tiers de la baguette tous les 2 cm.
3. Étalez un peu de beurre à l'ail sauvage dans chaque coupe. Ensuite, coupez la baguette longue entièrement au milieu et faites griller 2 morceaux.
4. Griller en dessous pendant env. 2-3 minutes, puis retourner délicatement et griller brièvement.

20. Aubergines grillées à l'huile d'ail

Ingrédients

- 1 aubergine
- 3 orteil(s) d'ail
- 4 cuillères à soupe d'huile d'olive
- 1 cuillère à café de sel **préparation**

1. Tout d'abord, épluchez et pressez les gousses d'ail pour les aubergines grillées à l'huile d'ail. Bien mélanger l'huile, l'ail et le sel, couper l'aubergine en tranches de 2 cm d'épaisseur et bien badigeonner avec l'huile d'ail.
2. Faites griller les tranches d'aubergine des deux côtés pendant environ 5 minutes ou dans une poêle à griller. Les aubergines grillées à l'huile

d'ail sont très bonnes servies avec du pain blanc frais.

ACCOMPAGNEMENTS GRIL

21. Ketchup épicé aux tomates

Ingrédients

- 1 ½ kg de tomates
- 2 oignons
- 2 gousses d'ail
- 150 g de petites pommes (1 petite pomme)
- 2 cuillères à soupe d'huile d'olive
- 3 cuillères à soupe de sirop d'érable
- 6 grains de piment de la Jamaïque

- 1 cc de grains de poivre
- 1 cuillère à soupe de graines de moutarde
- 1 feuille de laurier
- 1 clou de girofle
- 100 ml de vinaigre de cidre de pomme
- sel
- poivre de Cayenne
- poudre de cannelle

Étapes de préparation

1. Nettoyer, laver et hacher les tomates. Eplucher et hacher les oignons et l'ail. Nettoyez la pomme, coupez-la en deux, épépinez-la et coupez-la en petits cubes.
2. Faire chauffer l'huile dans une casserole. Faire revenir les oignons, l'ail et la pomme à feu moyen pendant 2 minutes. Verser le sirop d'érable dessus et faire caraméliser doucement pendant 5 minutes en remuant. Ajouter le piment de la Jamaïque, le poivre, la moutarde, la feuille de laurier et le clou de girofle et cuire pendant 3 minutes. Ajouter les tomates et le vinaigre et laisser mijoter

environ 30 minutes à feu doux en remuant de temps en temps.
3. Passer le mélange de tomates au tamis, le remettre dans la casserole, porter à ébullition et laisser mijoter environ 10 minutes à feu doux. Assaisonnez les tomates avec du sel, du poivre de Cayenne et une pincée de cannelle, versez dans des bouteilles propres et fermez hermétiquement.

22. Carottes grillées

Ingrédients

- 800g de carottes
- 3 cuillères à soupe d'huile d'olive
- ½ cuillère à café de miel liquide
- 1 ½ cuillère à soupe de jus d'orange
- ½ cuillère à café d'origan séché
- sel de mer
- poivre

Étapes de préparation

3. Nettoyer, éplucher et couper les carottes en deux dans le sens de la longueur. Mélanger l'huile avec le miel, le jus d'orange et l'origan. En badigeonner la surface coupée des carottes et les placer sur la grille chaude.
4. Fermez le couvercle et faites griller les carottes pendant environ 6 minutes. Salez, poivrez et servez dans 4 assiettes.

23. Petits pains plats

Ingrédients

- 500 g de farine de blé entier
- 21 g de levure fraîche (0,5 cube)
- 1 cuillère à café de miel
- 1 cuillère à café de sel
- 70 ml huile d'olive
- 7 oignons nouveaux

Étapes de préparation

1. Tamiser la farine dans un grand bol en faisant un puits au milieu. Émiettez la levure dans le puits, versez le miel et 4 cuillères à soupe d'eau tiède dessus. Saupoudrer d'un

peu de farine à partir du bord et couvrir la pré-pâte dans un endroit chaud et à l'abri des courants d'air pendant environ 10 minutes.
2. Ajoutez du sel, 4 cuillères à soupe d'huile d'olive et environ 200 ml d'eau tiède à la pré-pâte et utilisez le crochet pétrisseur d'un batteur à main pour former une pâte lisse. Couvrir d'un torchon humide et laisser lever à température ambiante pendant environ 1 heure.
3. Pendant ce temps, lavez et nettoyez les oignons nouveaux et coupez-les en fins rouleaux.
4. Bien pétrir à nouveau la pâte sur un plan de travail fariné avec les rouleaux d'oignons nouveaux et environ 2 cuillères à soupe d'huile d'olive. Divisez ensuite en 8 morceaux. Étaler en petits pains plats avec un rouleau à pâtisserie et badigeonner avec le reste de l'huile. Griller sur le gril chaud des deux côtés pendant env. 10-15 minutes en tournant.

24. Maïs mexicain en épi

Ingrédients

- 6 épis de maïs (sans bractées ni fils)
- sel
- 4 cuillères à soupe d'huile d'olive
- 10 g de coriandre (0,5 botte)
- poivre
- 1 gousse d'ail
- 1 cc d'huile de colza
- 2 citrons verts bio
- poudre de chili

- 100 g de feta (9% de matière grasse) **Étapes de préparation**

1. Nettoyer et laver les épis de maïs et cuire à l'eau salée à feu moyen pendant environ 5 minutes. Égoutter et égoutter. Badigeonner les épis de maïs avec 2 cuillères à soupe d'huile d'olive.
2. Laver la coriandre, la secouer pour la sécher, arracher les feuilles, la hacher et la mélanger avec le reste d'huile, du sel et du poivre. Ensuite, épluchez et hachez l'ail et mélangez-le avec l'huile.
3. Graisser la grille du gril avec de l'huile de colza. Placer les épis de maïs sur le gril préchauffé et griller pendant environ 10 à 15 minutes, en les retournant de temps en temps, jusqu'à ce qu'ils soient bien cuits et bien dorés.
4. Pendant ce temps, rincez les citrons verts à l'eau chaude, essuyez-les et coupez-les en quartiers. Retirez les épis de maïs du gril, placez-les dans un bol, assaisonnez avec du sel et de la poudre de chili et arrosez d'huile

d'herbes. Émiettez la feta dessus et servez le maïs en épi avec les quartiers de lime.

25. Tomates aux herbes grillées

Ingrédients

- 8 tomates bifteck mûres
- 4 cuillères à soupe d'huile d'olive extra vierge
- 10 g d'origan (0,5 botte)
- 2 gousses d'ail
- sel
- poivre

Étapes de préparation

3. Lavez et coupez les tomates en deux, badigeonnez-les d'un peu d'huile, placez la surface coupée sur une table ou un gril à charbon et faites-les griller jusqu'à ce qu'elles soient dorées en quelques minutes. Pendant ce temps, lavez l'origan, essorez-le et retirez les feuilles. Peler l'ail. Hachez les deux.
4. Mélanger l'huile restante avec l'origan, l'ail, le sel et le poivre. Badigeonner les surfaces coupées des tomates chaudes avec le mélange et servir chaud.

26. Pommes de terre à pizza

Ingrédients

- 5 pommes de terre moyennes (cireuses)
- 200 g de tomates fraîches
- 1 oignon
- 1 gousse d'ail
- huile d'olive
- Olives (vertes / noires)
- 200 g de fromage râpé (Gouda ou Emmental)
- 1 cuillère à soupe d'origan, râpé
- 1 cuillère à soupe de basilic, frotté
- poivre
- sel

- Basilic, frais Préparation
1. Les pommes de terre sont lavées puis cuites jusqu'à ce qu'elles soient cuites (environ 25-30 minutes). Pendant ce temps, laver les tomates et les couper en petits dés ainsi que les oignons et l'ail. L'huile est chauffée dans une casserole, dans laquelle vous faites cuire à la vapeur les tomates, l'oignon et les cubes d'ail et faites bouillir un peu le mélange. Les pommes de terre sont coupées en deux dans le sens de la longueur et évidées avec une cuillère à café (environ 0,5 cm de profondeur). L'intérieur des pommes de terre est écrasé à la fourchette et mélangé au mélange de tomates. Ajouter les olives coupées en deux, la moitié du fromage, les herbes séchées et le sel/poivre au mélange de tomates et bien mélanger le tout. Le mélange est versé dans les pommes de terre et l'autre moitié du fromage est saupoudrée dessus. Grillage
2. Le grill est préparé pour une cuisson indirecte à 180°C. Les pommes de terre sont grillées pendant environ 30 minutes avec le couvercle fermé. Ensuite, ils sont saupoudrés

d'herbes fraîches (par exemple du basilic) pour servir - délicieux !

27. Chutney de mangue

Ingrédients

- ½ mangue
- 1 cuillère à soupe de sucre de canne roux
- jus de pomme
- Poudre de paprika (chaud, si désiré)
- Poivre moulu

Préparation

1. Tout d'abord, la mangue est pelée, séparée du noyau et coupée en petits cubes. Faites revenir les cubes dans une casserole pendant quelques minutes jusqu'à ce que les morceaux deviennent tendres. Saupoudrez ensuite de sucre et laissez caraméliser en remuant. Retirer les cubes avec le jus de

pomme et faire bouillir un peu le liquide jusqu'à ce qu'une sauce épaisse se forme. Goûtez le chutney avec la poudre de paprika et le poivre.

28. Radis hardcore

Ingrédients
- 1 botte de radis (environ 20 pièces)
- 150 ml de vinaigre balsamique (ici : baume de sureau)
- 100 ml d'eau
- ½ cuillère à soupe de sel
- 1 cuillère à soupe de sucre
- 1 cuillère à soupe de graines de moutarde

- 1 cuillère à soupe de grains de poivre

Préparation
1. Les radis sont lavés et les pointes enlevées. Les ingrédients de l'infusion sont mélangés et bouillis dans une casserole.
2. Ensuite, les radis sont répartis dans les verres et versés avec le bouillon bouillant. Les bocaux sont fermés avec un anneau en caoutchouc et bouillis à 120 ° C dans une plaque à pâtisserie remplie d'eau pendant 30 minutes. Avant d'ouvrir le bocal, les radis doivent tremper pendant au moins deux semaines. Elles sont idéales comme garniture pour les hamburgers, dans les salades ou simplement pour les collations.

29. Chimichurri

Ingrédients
- 1 bouquet de persil
- 2 gousses d'ail
- 1 petit oignon rouge
- bonne huile d'olive (ici : huile citron romarin)
- 1 piment ou pepperoni
- poivre
- sel
- 1 cuillère à café d'origan, séché
- 1 cuillère à café de thym séché

Préparation
1. le persil, les gousses d'ail, le piment / pepperoni et l'oignon sont finement hachés. Dans le mortier, tous les ingrédients sont transformés en une pâte avec de l'huile d'olive. Une quantité suffisante d'huile d'olive est versée pour faire une pâte crémeuse. La sauce peut être consommée immédiatement ou laissée infuser jusqu'à 24 heures. Le chimichurri se marie parfaitement avec son steak juteux, mais peut également être servi avec de nombreux autres plats.

30. Frites de carottes

Ingrédients

- 500g de carottes
- 3 cuillères à soupe d'huile d'olive
- 2 cuillères à soupe de friction au choix
- 2 cuillères à soupe de parmesan, râpé finement
- ciboulette

Préparation

1. Les carottes sont lavées, pas épluchées ! Ensuite, vous les coupez en lanières pour

avoir à peu près la taille de frites "normales". Les carottes sont bien mélangées avec de l'huile d'olive, le rub et le parmesan puis étalées sur un récipient ignifuge recouvert de papier sulfurisé.

Grillage

2. Le grill est préparé pour une grillade indirecte à 180°C. Les frites de carottes sont maintenant "cuites" pendant 30 minutes. Les frites finies sont agrémentées de ciboulette et de ketchup ! Si vous le souhaitez, vous pouvez également créer une fumée subtile dans le gril, afin que les frites aient encore une légère note fumée.

31. Pommes de terre grillées aux herbes

Ingrédients
- 800 g de pommes de terre cireuses
- sel
- 1 branche de romarin
- 1 gousse d'ail
- 1 échalote
- 6 cuillères à soupe d'huile d'olive
- huile pour le gril
- herbes fraîches mélangées pour la garniture

- 1 cuillère à soupe de jus de citron pour arroser

Étapes de préparation
1. Lavez soigneusement les pommes de terre et pré-cuisez-les dans de l'eau bouillante salée pendant environ 20 minutes.
2. Pendant ce temps, faites chauffer le gril.
3. Lavez le romarin, secouez-le pour le sécher, enlevez les aiguilles et hachez-le finement. Éplucher l'ail et l'échalote, les hacher également finement et mélanger avec le romarin, l'huile, le sel et le poivre.
4. Égoutter les pommes de terre, les laisser évaporer, les couper en deux, les mélanger avec l'huile d'herbes et placer la surface coupée vers le bas sur la grille chaude et huilée. Griller 3-4 minutes, retourner et griller encore 3-4 minutes. Badigeonner avec le reste de la marinade encore et encore.
5. Servir les pommes de terre avec des herbes fraîches, arroser de jus de citron et servir immédiatement.

32. Courgettes grillées au fromage de brebis

Ingrédients
- 600g de courgettes
- 3 gousses d'ail
- 8 cuillères à soupe d'huile d'olive
- sel
- poivre
- 150 g de feta (45% de matière grasse sur matière sèche)
- 2 tiges de menthe pour la garniture

Étapes de préparation
1. Nettoyer et laver les courgettes et les couper en diagonale en env. Tranches de 0,7 cm d'épaisseur. Épluchez et hachez l'ail, mélangez avec l'huile, le sel et le poivre, arrosez avec les tranches de courgettes et laissez infuser pendant environ 1 heure.
2. Pendant ce temps, émiettez la feta en morceaux, lavez la menthe, secouez-la pour la sécher et retirez les feuilles. Faites chauffer le gril, placez les tranches de courgettes sur le gril chaud et faites griller pendant 6 à 8 minutes en retournant. Arrosez avec l'huile d'ail encore et encore. Saupoudrer de feta et servir sur des assiettes, garni de menthe.

33. Aubergines aux graines de grenade

Ingrédients
- 600 g d'aubergines (2 aubergines)
- sel
- 1 grenade
- 10 g de persil (0,5 botte)
- 1 gousse d'ail
- 3 cuillères à soupe d'huile d'olive
- mer grossière sel
- 1 cuillère à soupe de vinaigre balsamique

Étapes de préparation
1. Nettoyer et laver les aubergines, les couper en deux dans le sens de la longueur, saler et laisser reposer 10 minutes.
2. Pendant ce temps, coupez la grenade en deux et retirez les graines des fruits. Lavez le persil, secouez-le pour le sécher, arrachez les feuilles et hachez-le. Épluchez et hachez finement l'ail et mélangez-le avec 2 cuillères à soupe d'huile.
3. Séchez les aubergines et badigeonnez-les de la moitié de l'huile d'ail. Faire griller les aubergines sur le gril préchauffé pendant environ 10 à 12 minutes, en les retournant de temps en temps et en les badigeonnant avec le reste d'huile.
4. Au moment de servir, saupoudrer les aubergines de graines de grenade, de sel marin et de persil et arroser de vinaigre balsamique.

34. Laitue romaine grillée avec vinaigrette à la menthe

Ingrédients

- 30 g de pignons de pin (2 cuillères à soupe)
- 2 tiges de menthe
- 3 cuillères à soupe d'huile d'olive
- sel
- poivre
- 1 cuillère à soupe de jus de citron
- 600 g de cœur de salade romaine (4 cœurs de salade romaine)
- 30 g de parmesan (1 morceau ; 30% de matière grasse sur matière sèche)
- 200 g de pain complet d'épeautre

Étapes de préparation
1. Faites griller les pignons de pin dans une poêle chaude à feu moyen sans matière grasse. Pendant ce temps, lavez la menthe, secouez-la pour la sécher et retirez les feuilles. Mixez finement les feuilles avec de l'huile et 2 à 3 cuillères à soupe d'eau. Assaisonner avec du sel, du poivre et du jus de citron.
2. Lavez les cœurs de laitue, essorez-les et coupez-les en deux dans le sens de la longueur. Badigeonner d'1 cuillère à soupe d'huile d'assaisonnement et rôtir 5 minutes sur le gril préchauffé, en retournant de temps en temps. Pendant ce temps, émincez le parmesan.
3. Disposez les cœurs de laitue sur une assiette, arrosez avec le reste d'huile d'assaisonnement et saupoudrez de pignons de pin et de parmesan.
4. Faites griller la baguette sur le gril et servez avec la salade.

35. Brochettes de légumes grillés

Ingrédients
- 2 poivrons jaunes
- 2 poivrons rouges
- 6 petits oignons blancs
- 2 courgettes
- 8 champignons
- 3 cuillères à soupe d'huile d'olive
- sel
- poivre
- 2 cc d'herbes de Provence séchées
- 4 branches de romarin

Étapes de préparation
1. Lavez, coupez en deux et épépinez les poivrons et coupez-les en morceaux de la taille d'une bouchée. Eplucher et couper en deux les oignons. Lavez et nettoyez les courgettes et coupez-les en tranches de 1 cm d'épaisseur. Nettoyer et couper les champignons en quatre.
2. Mettre les légumes et les champignons en alternance sur de longues brochettes. Badigeonner chacun d'un peu d'huile et assaisonner avec du sel, du poivre et les herbes. Lavez le romarin, essorez-le et placez-le sur le gril chaud avec les brochettes de légumes. Griller environ 8 minutes de tous les côtés en tournant. Sers immédiatement.

PAIN GRILLÉ

36. Pain blanc fourré

Ingrédients

- 250g de farine de blé
- 2 cuillères à café de sucre de canne entier
- 100 ml de lait tiède (3,5% de matière grasse)
- 1 sachet de levure sèche
- 100 g de pomme de terre en veste
- 2 cuillères à soupe de beurre liquide

- 200 g de farine de blé type 1050
- 2 cuillères à café de sel
- 1 poignée de ciboulette (10 g)
- 6 tranches de gouda du Moyen Âge

Étapes de préparation

1. Mélanger 100 g de farine de blé avec le sucre de canne entier, 100 ml d'eau tiède, le lait et la levure dans un bol et couvrir et laisser lever dans un endroit tiède pendant 30 minutes.
2. Pendant ce temps, épluchez les pommes de terre et passez-les au presse-purée. Ensuite, pétrissez la pâte de démarrage avec les pommes de terre, le beurre, le reste de farine type 1050 et le sel. Former une boule et déposer sur une plaque allant au four. Couvrir et laisser lever environ 1 heure, jusqu'à ce que la pâte ait doublé de volume.
3. Cuire le pain blanc dans un four préchauffé à 200°C pendant 30-40 minutes jusqu'à ce qu'il soit doré. Pendant ce temps, lavez la ciboulette, secouez-la pour la sécher et coupez-la en rouleaux. Couper le fromage en petits morceaux.

4. Laissez refroidir le pain. Coupez profondément en forme de treillis lorsqu'il a refroidi. Garnir les tranches de ciboulette et de fromage, servir aussitôt.

37. Pain aux noix

Ingrédients

- 500 g de farine de blé entier
- 1 sachet de levure sèche
- 10 g de sucre de canne complet (1 cuillère à café)
- 2 branches de romarin
- 150 g de cerneaux de noix

- 2 cuillères à soupe de miel
- 1 cuillère à café de sel
- poivre
- 50 ml de lait (1,5% de matière grasse)
- 50 ml d'huile d'olive

Étapes de préparation
1. Mélanger la farine, la levure et le sucre dans un saladier.
2. Incorporer 250 ml d'eau tiède avec le crochet pétrisseur du batteur à main jusqu'à formation d'une pâte uniforme. Couvrir et laisser lever dans un endroit tiède pendant environ 30 minutes.
3. Pendant ce temps, rincez le romarin, essorez-le, arrachez les aiguilles et hachezle.
4. Faire griller brièvement les noix dans une poêle antiadhésive. Mélanger le miel et le romarin et chauffer. Salez et poivrez et placez dans une assiette.
5. Faites chauffer le lait tiède, puis incorporez-le à la pâte avec l'huile. Pétrir le mélange noix-miel jusqu'à ce que tout soit collé et que la pâte soit brillante et lisse.

6. Façonnez la pâte en une miche de pain allongée et placez-la sur une plaque à pâtisserie recouverte de papier sulfurisé. Couvrir et laisser lever dans un endroit tiède pendant environ 20 minutes. Cuire au four préchauffé à 220°C sur la grille du milieu pendant env. 40 min.

38. Bâtonnets de pain aux tomates

Ingrédients

- 250 g de farine de blé entier

- 250 g de farine d'épeautre complète
- 1 ½ sachet de levure sèche
- 1 cuillère à café de sucre de canne entier
- 1 cuillère à café de sel
- 100 g de tomates séchées (converties dans l'huile)
- 100 ml de jus de tomate
- 5 tiges de thym

Étapes de préparation

1. Mélanger la farine, la levure, le sucre et le sel dans un saladier.
2. Égoutter les tomates en recueillant 1 cuillère à soupe d'huile. Couper les tomates en dés.
3. Faites chauffer le jus de tomate et 250 ml d'eau dans une casserole tiède.
4. Ajouter l'eau de tomate et l'huile de tomate récupérée à la farine et pétrir avec le crochet pétrisseur du batteur à main jusqu'à ce que la pâte bouillonne.
5. Couvrir et laisser lever dans un endroit tiède pendant environ 30 minutes.

6. Lavez le thym, essorez-le et arrachez les feuilles.
7. Pétrir les cubes de tomates et les feuilles de thym dans la pâte. Façonner la pâte en 2 bâtonnets de pain courts.
8. Déposer sur une plaque recouverte de papier sulfurisé, marquer avec un couteau et laisser lever encore 10 minutes. Cuire au four préchauffé à 200°C pendant 25-30 minutes.

39. Focaccia grillée

Ingrédients

- ½ cube de levure
- 1 cuillère à café de sirop d'agave
- 500 g de farine de blé entier
- 1 cuillère à café de sel
- 1 gousse d'ail
- 2 brins de romarin
- 2 huile d'olive

Étapes de préparation

1. Émietter la levure dans un petit bol et verser le sirop d'agave dessus. Laisser reposer environ 10 minutes jusqu'à ce que la levure soit dissoute et commence à bouillonner.
2. Mettez la farine et le sel dans un bol. Ajouter la levure et 300 ml d'eau tiède et travailler en une pâte lisse. Si nécessaire, ajoutez un peu plus d'eau. Couvrir la pâte et la laisser reposer environ 2 heures.
3. Pendant ce temps, appuyez sur la gousse d'ail. Retirez les aiguilles de romarin des branches. Faites chauffer l'huile d'olive dans une poêle, laissez infuser l'ail et le romarin 10 minutes à feu doux.

4. Divisez la pâte en quatre portions à peu près égales et façonnez des gâteaux de pâte ovales avec vos mains sur un plan de travail légèrement fariné. Badigeonner la pâte d'huile de romarin et faire griller sur le gril avec le couvercle fermé pendant 3-4 minutes.

40. Pain aux tomates

Ingrédients

- 675 g de farine d'épeautre type 1050
- ½ cube de levure fraîche

- 100g de tomates séchées
- 100 g de farine d'épeautre complète
- 15g de sel

Étapes de préparation

1. La veille : Tamisez 250 g de farine d'épeautre type 1050 dans un bol, faites un puits au milieu et émiettez la levure dedans.
2. Versez 500 ml d'eau tiède. Pétrir avec le crochet pétrisseur du batteur à main pendant 2-3 minutes. Couvrir et laisser reposer à température ambiante pendant au moins 12 heures, mieux 16 heures.
3. Le lendemain : hachez les tomates séchées.
4. Ajouter les tomates, la farine restante et le sel à la pré-pâte et pétrir brièvement avec le crochet pétrisseur du batteur à main.
5. Placer ensuite sur le plan de travail saupoudré de farine et pétrir à la main pendant 10 minutes.
6. Couvrir la pâte dans un bol et laisser lever à température ambiante jusqu'à ce que le volume ait doublé.
7. Remettre la pâte sur le plan de travail fariné. Pétrir 1 minute et façonner 2 pains ovales.

8. Déposer sur une plaque allant au four recouverte de papier cuisson. Couvrir d'un torchon fariné et laisser lever encore 90 minutes, le volume doit encore doubler.
9. Mettez le pain cuit sur la grille la plus basse du four préchauffé à 225°C et placez une cocotte avec 200 ml d'eau dedans. Cuire le pain 10 minutes. Retirez le bol d'eau, réduisez le feu à 200 ° C et faites cuire le pain encore 25 à 30 minutes. Laisser refroidir sur une grille de four ou une grille.

41. Salade de pain croustillant et fromage

Ingrédients
- 120 g de pain de seigle complet (3 tranches)
- 30 g de raisins secs
- 4 cuillères à soupe de vinaigre de fruits
- sel
- poivre
- 4 cuillères à soupe d'huile de carthame
- 300g de pommes
- 1 ½ botte de radis
- 100 g tranché du fromage
- 1 bouquet de persil plat

Étapes de préparation
1. Couper le pain en cubes de 1 cm et les faire rôtir dans une poêle non huilée à feu moyen pendant environ 4 minutes jusqu'à ce qu'ils soient croustillants. Mettre sur une assiette et laisser refroidir.
2. Pendant ce temps, rincez les raisins secs à l'eau chaude et égouttez-les. Mélangez du vinaigre de fruits avec un peu de sel, de poivre et d'huile de carthame pour faire une vinaigrette.
3. Lavez les pommes, coupez chaque pomme des 4 côtés vers le centre en tranches d'environ 5 mm d'épaisseur, coupez les tranches en

cubes. Mélanger les cubes de pomme et les raisins secs avec la vinaigrette.
4. Lavez, égouttez et nettoyez les radis. Mettre les petites feuilles de radis de côté; Couper les radis en quatre.
5. Couper les tranches de fromage en carrés de 2 cm. Lavez le persil, secouez-le pour le sécher et arrachez les feuilles.
6. Mélanger le fromage, le persil et les feuilles de radis, les radis et la vinaigrette aux pommes. Assaisonner au goût avec du sel et du poivre.
7. Mettez la laitue dans un grand récipient de conservation des aliments bien fermé (contenu environ 1,5 l) pour le transport. Mettez les cubes de pain dans un récipient de stockage plus petit (capacité d'environ 500 m) et saupoudrez-les sur la salade de fromage et de radis avant de servir.

42. Petits Pains Plats

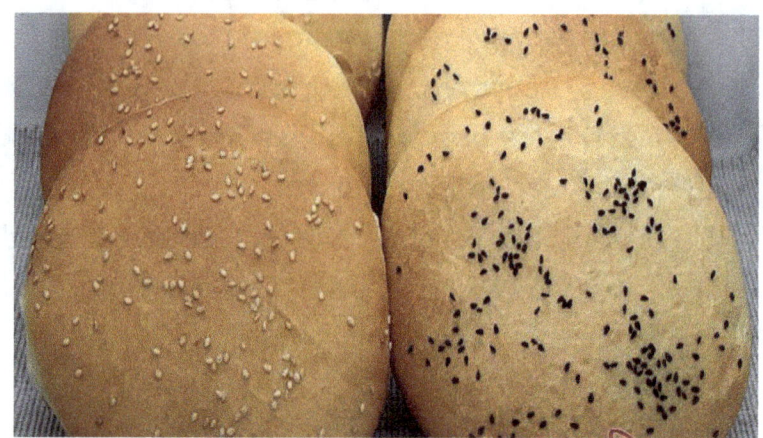

Ingrédients
- 500 g de farine de blé entier
- 21 g de levure fraîche (0,5 cube)
- 1 cuillère à café de miel
- 1 cuillère à café de sel
- 70 ml d'huile d'olive
- 7 oignons nouveaux

Étapes de préparation
1. Tamiser la farine dans un grand bol en faisant un puits au milieu. Émiettez la levure dans le puits, versez le miel et 4 cuillères à soupe d'eau tiède dessus. Saupoudrer d'un peu de farine du bord et couvrir la pré-pâte dans un endroit chaud et à l'abri des courants d'air pendant environ 10 minutes.

2. Ajoutez du sel, 4 cuillères à soupe d'huile d'olive et environ 200 ml d'eau tiède à la pré-pâte et utilisez le crochet pétrisseur d'un batteur à main pour former une pâte lisse. Couvrir d'un torchon humide et laisser lever à température ambiante pendant environ 1 heure.
3. Pendant ce temps, lavez et nettoyez les oignons nouveaux et coupez-les en fins rouleaux.
4. Bien pétrir à nouveau la pâte sur un plan de travail fariné avec les rouleaux d'oignons nouveaux et environ 2 cuillères à soupe d'huile d'olive. Divisez ensuite en 8 morceaux. Étaler en petits pains plats avec un rouleau à pâtisserie et badigeonner avec le reste de l'huile. Griller sur le gril chaud des deux côtés pendant env. 10-15 minutes en tournant.

43. Pain gratiné

Ingrédients

- 3 pièces Tomates cocktail
- 8 pièces Câpres (du bocal)
- 70g de mozzarella
- 1 pc. Pain pita
- 80 g de poivrons brunch paprika
- 4 tranche(s) de jambon de Parme
- Poivre (fraîchement moulu)

préparation

1. Laver les tomates. Couper les tomates, les câpres et la mozzarella en tranches.
2. Étaler le brunch sur du pain. Recouvrir l'un après l'autre de tomates, de câpres et de mozzarella. Faire gratiner env. 5 minutes sous la grille chaude du four. Garnir de jambon et saupoudrer de poivre.

44. Pains au saumon fumé

Ingrédients

Pour la propagation
- 100g de fromage frais
- 1 ½ cuillère à soupe de raifort du bocal
- 1 pincée de bouillon de légumes à grains
- 1 pincée de paprika en poudre
- 50 g de chantilly battue
- sel
- poivre
- 4 tranches de pain de grains entiers

- 4 plus grosses tranches de saumon fumé
- 1 piment rouge
- 2 cuillères à soupe de graines de tournesol
- 1 cuillère à soupe de persil haché

Étapes de préparation

1. Mélanger le cream cheese avec le raifort, le bouillon et le paprika jusqu'à consistance lisse. Incorporer la crème et assaisonner de sel et de poivre.
2. Étaler la tartinade sur le pain et garnir de saumon. Lavez les piments, retirez les graines, coupez-les en rondelles et mélangez-les avec les graines de tournesol et le persil. Garnir le pain avec et servir aussitôt.

45. Sandwich au cochon de lait

Ingrédients pour
- cochon de lait (précuit),
- pain,
- mâche,
- oignons,
- concombres,
- tomates,
- Sauce barbecue

Préparation
1. Le cochon de lait congelé est décongelé lentement au réfrigérateur la veille de la

cuisson. La mâche, le concombre et les tomates sont lavés et préparés pour la garniture du sandwich. L'oignon est coupé en rondelles.

Grillage

1. Le grill (ou four) est d'abord chauffé à 120°C en chaleur indirecte. La viande est placée sur un plat ignifuge rempli d'eau avec un insert pour que la graisse s'égoutte dans l'eau. La viande est ainsi frite pendant environ 60 minutes. Pour donner à la croûte une finition parfaite, la température est augmentée à env. 200°C après 60 minutes. Il est maintenant important que vous obteniez suffisamment de chaleur de dessus pour la croûte. Vous pouvez également placer la viande avec la croûte vers le bas directement sur le feu si nécessaire. Après environ 15 minutes, la croûte devrait être prête. Mais ici s'il vous plaît, agissez selon vos sentiments pour que la croûte ne brûle pas - ce serait dommage ! Les tranches de pain sont brièvement grillées des deux côtés à feu direct.

PORC GRILLÉ

46. Filet de porc grillé

Ingrédients

- 1 filet de porc (environ 500 g)
- 2 brin(s) de romarin
- 2 brins de thym
- 1 cuillère à café de poivre (broyé)
- Sel de mer (gros) **préparation**

1. Pour le filet de porc grillé, assaisonnez d'abord le filet de porc avec du sel et du poivre, ajoutez le romarin et le thym et attachez la viande 5 à 6 fois avec une ficelle.
2. Griller de tous les côtés pendant environ 1-2 minutes, sur la zone indirecte laisser infuser pendant environ 10 minutes. Trancher le filet de porc grillé et servir.

47. Cou de porc grillé

Ingrédients

- Viande entière de cou de porc (ou autre porc juteux)
- 3 gousses d'ail
- 1 morceau (3 cm) de gingembre
- Poivre fraîchement moulu
- coriandre
- 1 cuillère à soupe de sucre roux
- 2 cuillères à soupe de sauce aux huîtres

- 2 cuillères à soupe de sauce soja légère

Pour la sauce d'accompagnement :

- 2 oignons nouveaux
- 1 piment rouge
- 1 cuillère à soupe de sauce de poisson
- 1 cuillère à soupe de sauce soja légère
- Jus de citron vert **préparation**

1. Pour la marinade, hachez très finement l'ail et le gingembre. Mélanger le sucre avec les deux sauces soja et y dissoudre. Ajouter l'ail et le gingembre et bien mélanger avec les épices. Arroser la viande de marinade et laisser infuser au moins 1 heure. Retourner la viande à plusieurs reprises et arroser de marinade.
2. Pendant ce temps, pour la sauce, coupez le piment en deux, retirez le cœur et coupez-le en fines rondelles. Hachez également finement les oignons nouveaux. Mélanger les deux avec la sauce de poisson et la sauce de soja. Assaisonner au goût avec un peu de jus de citron vert. Maintenant, placez la viande marinée sur une grille et faites-la griller sur du charbon de bois rouge ou sur une grille

pour la garder juteuse à l'intérieur. Retirer du gril, découper et servir avec la sauce préparée.

48. Côtes levées en marinade à la bière

Ingrédients

- 2500 g de côtes de porc

Pour la marinade :

- 5 gousses d'ail (finement hachées)
- 1 oignon (finement haché)
- 250 ml de bière noire

- 1 cuillère à soupe de vinaigre
- 3 cuillères à soupe d'huile végétale
- 2 cuillères à soupe de sirop d'érable
- 125 ml de sauce Worcestershire
- 2 cuillères à soupe d'harissa
- sel
- Poivre (fraîchement moulu)

préparation

3. Mettre tous les ingrédients de la marinade dans une casserole et porter à ébullition. Puis laissez-le refroidir.
4. Faire tremper les côtes levées dans la marinade au réfrigérateur pendant la nuit.
5. Sortir du réfrigérateur environ une demiheure avant utilisation le lendemain.
6. Égoutter les côtes et griller les côtes de tous les côtés pendant environ 10-15 minutes.

49. Spare ribs sauce miel-chili

Ingrédients

- 1000 g de côtes levées (porc)
- 50g de ketchup
- 50 ml de jus de pomme
- 30g de miel
- 3-4 gousses d'ail (pelées)
- 2 piments
- 1 feuille de laurier
- 1 cuillère à café de poivre (broyé)
- 1 cuillère à café de poudre de paprika (fumé)

- 1 cuillère à café de sauce soja

préparation

1. Pour les côtes levées à la marinade mielpiment, porter d'abord à ébullition tous les ingrédients de la marinade, puis laisser refroidir. Étalez la viande partout et laissez reposer toute la nuit, de préférence à couvert.
2. Saisir les côtes des deux côtés sur le gril à feu direct. Terminez ensuite la cuisson sur la zone indirecte pendant environ 15-20 minutes. Badigeonner de temps en temps les côtes levées de miel et de sauce chili et les retourner.

50. Côtes levées en marinade à la bière

Ingrédients
- 2500 g de côtes de porc ☐ Pour la marinade :
- 5 gousses d'ail (finement hachées)
- 1 oignon (finement haché)
- 250 ml de bière noire
- 1 cuillère à soupe de vinaigre
- 3 cuillères à soupe d'huile végétale
- 2 cuillères à soupe de sirop d'érable
- 125 ml de sauce Worcestershire
- 2 cuillères à soupe d'harissa

- sel
- Poivre (fraîchement moulu) **préparation**

1. Mettre tous les ingrédients de la marinade dans une casserole et porter à ébullition. Puis laissez-le refroidir.
2. Faire tremper les côtes levées dans la marinade au réfrigérateur pendant la nuit.
3. Le lendemain, sortir du réfrigérateur environ une demi-heure avant utilisation.
4. Égoutter les côtes et griller les côtes de tous les côtés pendant environ 10-15 minutes.

51. Cevapcici

Ingrédients
- 1 kg de viande hachée (mixte : env. 100g d'agneau, 200g de bœuf, 700g de porc)
- 1 cuillère à café de sucre
- 1 cuillère à café de soda
- 1/2 cuillère à café de poivre
- 1 cuillère à café de sel
- 2 cuillères à soupe d'huile
- Oignons (au goût) **préparation**

1. Pour les cevapcici, mettre tous les ingrédients sauf les oignons dans un bol, bien pétrir et laisser reposer environ 15 minutes.
2. Façonnez ensuite les cevapcici et placez-les sur une plaque à pâtisserie. (Comme la viande hachée est suffisamment grasse, la plaque à pâtisserie n'a plus besoin d'être graissée.) Couvrir la plaque de papier d'aluminium et faire frire environ 20 minutes à feu moyen.
3. Pendant ce temps, coupez les oignons en petits morceaux. Servir ensuite les oignons crus avec les cevapcici.

52. Spare ribs au beurre de cacahuètes

Ingrédients

- 1 kg de côtes levées ☐ Marinade:
- 1 1/2 cuillère à soupe de beurre de cacahuète
- 2 cuillères à soupe de tomates (de préférence en morceaux de la boîte)
- 2 cuillères à soupe de sirop d'érable
- 2 cuillères à soupe de Tabasco (rouge)
- sel

préparation
1. Pour les côtes levées au beurre de cacahuètes, préparez d'abord la marinade. Ensuite, mélangez tous les ingrédients pour cela.
2. Séparez les côtes levées de la peau argentée, coupez-les en plus petites portions et massez bien la marinade dans la viande.
3. Laissez infuser pendant une heure, de préférence toute la nuit.
4. Griller les côtes levées à env. 140 ° C pendant au moins 1,5 heures.

53. Côtes levées à la caribéenne

Ingrédients

- 2 côtes levées
- 50 ml d'huile d'arachide
- 100 ml de lait de coco
- 3 cuillères à soupe de jus d'ananas
- 1/2 cuillère à café de gingembre
- 1/2 cuillère à soupe de pâte de curry (vert)
- 1/2 bâton(s) de citronnelle
- sel

- poivre
- Miel (pour le glaçage)
- 1 poignée de basilic **préparation**

1. Pour les côtes levées des Caraïbes, rincez la viande et séchez-la.
2. Mélanger une marinade d'huile d'arachide, de lait de coco, de citronnelle, de jus d'ananas, de pâte de curry vert, de basilic et de gingembre.
3. Placer les côtes levées dans la marinade et laisser infuser quelques heures, de préférence toute la nuit.
4. Ensuite, retirez trop de marinade des côtes levées. Sel et poivre.
5. Les côtes levées à la caribéenne sont mises sur le gril et faites cuire environ 5 à 7 minutes. Faites toujours demi-tour.

54. Pain gratiné

Ingrédients
- 3 pièces Tomates cocktail
- 8 pièces Câpres (du bocal)
- 70g de mozzarella
- 1 pc. Pain pita
- 80 g de poivrons brunch paprika
- 4 tranche(s) de jambon de Parme
- Poivre (fraîchement moulu)

préparation
3. Laver les tomates. Couper les tomates, les câpres et la mozzarella en tranches.
4. Étaler le brunch sur du pain. Recouvrir l'un après l'autre de tomates, de câpres et de

mozzarella. Faire gratiner env. 5 minutes sous la grille chaude du four. Garnir de jambon et saupoudrer de poivre.

55. Escalopes de porcs fermiers au barbecue

Ingrédients
- 2 côtelettes de porc (coupées de 2 cm d'épaisseur, provenant de porcs fermiers)
- huile d'olive
- Poivre (coloré, grossièrement moulu)
- sel

préparation
1. Frotter les côtelettes avec le mélange de poivre grossièrement moulu, le sel et l'huile d'olive. Laisser mariner environ 1 à 2 heures.
2. Si vous faites mariner la viande plus longtemps, mettez-la au réfrigérateur et

sortez-la à temps. La viande doit toujours être à température ambiante pour griller.
3. Bien préchauffer le gril et faire griller les côtelettes environ 3-4 minutes des deux côtés, selon leur épaisseur. Les escalopes du gril doivent passer, mais pas trop sèches.

56. Escalope Grillée

Ingrédients
- 2 côtelettes de porc
- huile d'olive
- thym
- hysope
- Origan
- estragon
- 2 orteil(s) d'ail
- sel

préparation
1. Tout d'abord, mettez de l'huile d'olive dans un bol à soupe (le fond doit être bien couvert). Ajouter les herbes (séchées)

finement frottées. Bien mélanger le sel et les gousses d'ail écrasées avec l'huile.
2. Placer la viande lavée et égouttée dans le mélange d'huile, passer quelques fois et retourner. Il est préférable de le couvrir au réfrigérateur pendant la nuit. Placer sur une tasse de gril lavable et griller.

57. Rouleaux de surlonge de porc épicé

Ingrédients

Pour les rouleaux de filet de porc :

- 1 kg de rôti de poumon de porc
- 2 cuillères à soupe de moutarde
- 200 g de poitrine de porc
- 1 tasse de fromage à la crème aux herbes
- 1 poignée de cure-dents

Pour le mélange d'épices :

- 1 cuillère à soupe de paprika en poudre
- 1 cuillère à soupe de coriandre en poudre

- 1 cuillère à soupe de basilic (séché)
- 1 cuillère à soupe d'ail en poudre
- 1 cuillère à soupe d'oignon en poudre
- 1 cuillère à soupe d'origan (séché)
- 1 cuillère à soupe de romarin (séché)
- 1 cuillère à soupe de sel
- 1 cuillère à café de piment en poudre

préparation

1. Pour les rouleaux de rôti de poumon de porc, coupez le rôti de poumon en tranches épaisses, puis battez finement avec une tête d'escalope et badigeonnez de moutarde.
2. Recouvrir de poitrine de porc et enrober de cream cheese aux herbes, former un rouleau et fixer avec un cure-dent.
3. Bien mélanger les épices dans un bol et y retourner les rouleaux. Placer sur le gril chaud pendant environ 5 minutes ou faire frire dans une poêle.

58. Médaillons de porc mariné

Ingrédients
- 6 médaillons de porc
- 1 cuillère à café de poudre de soupe
- un peu de sel, de poivre et d'ail en poudre
- 3-4 cuillères à soupe d'huile de colza

préparation
1. Mélanger l'huile de colza avec de la poudre de soupe, du sel, du poivre et de la poudre d'ail pour les médaillons de porc marinés.
2. Trempez maintenant les médaillons de porc dans la marinade des deux côtés et versez le reste sur la viande.

3. Laissez tremper la marinade pendant au moins 2 heures.
4. Ramener la viande à température ambiante et la faire revenir dans une poêle avec un peu d'huile.
5. Baisser le feu et déglacer délicatement avec un filet d'eau. Les médaillons de porc marinés sont servis.

59. Jarret de porc grillé

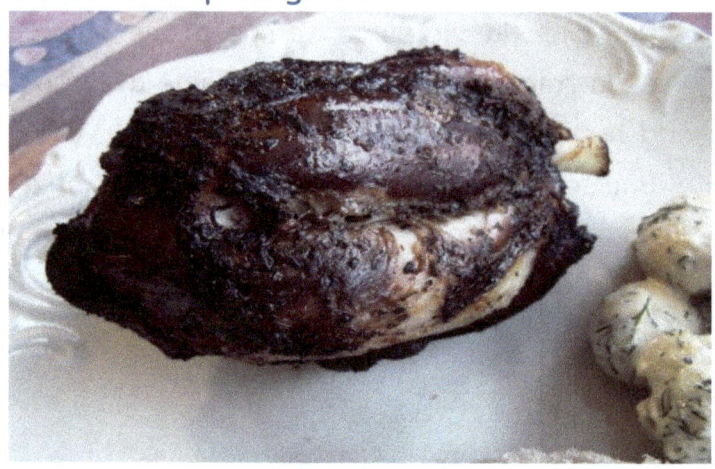

Ingrédients
- 2 jarrets de porc
- 3 morceaux de gousses d'ail
- 1 pincée de romarin (haché)
- 0,5 cuillère à café de poivre (gros)
- 0,5 cc de paprika en poudre
- 0,5 cuillère à café de sel
- huile
- 6 cuillères à soupe de vin rouge
- 3 cuillères à soupe de crème fouettée (au choix)
- Bière de malt **préparation**
1. Pour le jarret de porc grillé, coupez les gousses d'ail en bâtonnets et utilisez-les sur

la viande. Mélanger les épices avec l'huile et le vin rouge.

2. Arrosez les échasses et laissez reposer 3 heures couvercle fermé. Placer sur le grillage chauffé et faire griller pendant 1 heure.

3. Tourner de l'autre côté et badigeonner de marinade ou arroser de bière de malt. Arrondir le bouillon de viande avec la chantilly.

60. Côtes levées avec frottage sec

Ingrédients
- 3 côtes de porc (environ 800-900 g chacune)
- Frottez à sec (voir la vidéo de la recette)
- sel
- poivre **préparation**
1. Retirez d'abord la membrane. Frottez la viande avec le rub et laissez infuser pendant 30 minutes à température ambiante.
2. Saler et poivrer, puis placer le côté os sur le fumoir préparé : chauffer 110-130°C, avec du bois de hêtre.

3. Fumez pendant 5 heures, ne placez pas la viande trop près du feu, changez de position plus souvent entre les deux.
4. Laisser ensuite reposer 10 minutes.
5. Servir les côtes levées.

FRUITS DE MER ET POISSONS

61. Rouleau de saumon farci du grill

Ingrédients
- 600 g de filet de saumon
- Sel de mer
- 100 g de jambon (séché à l'air)
- 150g de fromage de brebis
- Poivre (frais du moulin) **préparation**

1. Pour le rouleau de saumon farci du gril, laissez l'équipe de vente NORDSEE couper un filet de saumon frais pratiquement désossé en env. Tranches de 1 cm

d'épaisseur et 15 cm de long (similaire aux rouleaux de bœuf).
2. Placez 1-2 tranches de jambon séché à l'air sur chaque tranche de saumon et étalez le fromage à la crème sur le dessus.
3. Roulez les filets de saumon et fixez-les avec un cure-dent ou nouez-les avec du fil de coton.
4. Assaisonner l'extérieur des rouleaux de saumon avec un peu de sel de mer et du poivre fraîchement moulu.
5. Faire griller les rouleaux de saumon farcis sur du papier aluminium pendant environ 18 minutes à feu pas trop élevé. Retournez délicatement le rouleau de saumon farci du gril à quelques reprises.

62. Thon sur bâton

Ingrédients

- 4 morceaux de thon (environ 120 g chacun)
- 100 g de grammes
- sel
- Poivre (du moulin)
- 4 cuillères à soupe d'huile de sésame
- 2 cuillères à soupe de graines de sésame (grillées)
- 50 g de persil (haché)
- 100 g d'oignons nouveaux (finement hachés)

- 4 brochettes en bois (arrosées)

préparation
1. Pour le thon sur un bâton, salez d'abord le thon, placez-le sur une brochette en bois arrosée et badigeonnez le tout d'huile de sésame.
2. Hachez les grammes et faites-les griller dans une poêle. Ajouter les oignons nouveaux et rôtir brièvement. Mélanger le poivre, les graines de sésame grillées et le persil.
3. Nettoyez le gril préchauffé.
4. Griller rapidement le thon sur le bâton tout autour de chaque côté, le placer brièvement sur la grille chauffante, saupoudrer du mélange de coupe et laisser infuser brièvement.
5. Arroser le thon sur un bâton avec un peu d'huile de sésame et servir.
6. MÉTHODE GRIL : chaud tout autour, mais seulement brièvement
7. TEMPS DE GRIL : env. 2 minutes à env. 200°C, puis laisser reposer brièvement

63. sardines grillées

Ingrédients
- 1 kg de petites sardines (ou anchois)
- Farine
- Quartiers de citron pour la garniture ☐ Pour la marinade :
  - 1/2 bouquet de persil
  - 2 gousses d'ail
  - 4 cuillères à soupe d'huile d'olive
  - Jus d'un demi citron
  - sel
  - Poivre (fraîchement moulu) **préparation**
1. Coupez les sardines sur la poitrine et enlevez les entrailles. Rincer à l'eau froide et sécher soigneusement.

2. Pour la marinade, arrachez les feuilles de persil des tiges, épluchez et hachez finement les gousses d'ail. Mélanger tous les ingrédients dans un grand bol. Mettez le poisson dedans et laissez mariner environ 1 heure.
3. Retirer les sardines de la marinade et les saupoudrer légèrement de farine. Faire griller sur le gril environ 3 minutes de chaque côté. Les sardines grillées avec des tranches de citron et un plat de pain blanc frais.

64. Dorade Grillée

Ingrédients

- 4 morceaux de mer brème
- 2 morceaux de citron
- 3 cuillères à soupe de thym
- 4 cuillères à soupe de mer sel
- 200 ml d'huile d'olive
- 4 cuillères à soupe de poivre citronné
- assaisonnement barbecue **préparation**

1. Mélanger les ingrédients dans une marinade pour la daurade grillée et faire mariner la daurade pendant au moins 30 minutes. Ensuite, placez le poisson sur le gril et assaisonnez avec une épice pour barbecue pendant la cuisson.

2. Griller le poisson jusqu'à ce que la peau soit croustillante. La daurade grillée plat et servez.

65. Gambas grillées

Ingrédients

- 16 crevettes (sans carapace)
- 2 courgettes (moyennes)
- 4 cuillères à soupe d'huile
- 1 cuillère à café de sel
- 1 cuillère à café de citron (jus)

préparation

1. Placer les queues de crabe avec les tranchés courgettes en alternance sur 4 brochettes en bois huilées. Arroser d'huile et saupoudrer de sel. Faire griller sous le

grillage chauffé pendant 5 à 8 minutes, arroser du jus d'un citron.
2. Apportez à la table avec du vin blanc et du pain blanc.
3. 20 min.
4. Astuce : les courgettes sont une sorte de citrouille et sont donc peu caloriques, riches en vitamines et faciles à digérer - juste ce qu'il faut pour une alimentation légère !

66. Langoustines grillées sur wok de légumes

Ingrédients

Pour les langoustines :
- 500 g de langoustines (rouges)
- 1 cuillère à soupe d'huile d'arachide
- 2 cuillères à soupe d'ail
- 2 cuillères à café de gingembre (fraîchement haché)
- 4 oignons nouveaux
- 100 g de paprika (rouge et vert) *Pour la sauce:*
- 200 ml de poitrines de poulet
- 2 cuillères à soupe de vin de riz Shaoxing (ou vin blanc)
- 3 cuillères à soupe de sauce soja

- 2 cuillères à soupe de Paradeismark
- 1 cuillère à soupe de fécule de maïs

préparation

1. Faites chauffer le wok vigoureusement puis ajoutez l'huile d'arachide. Faites-y revenir l'ail et le gingembre. Ajouter les poivrons hachés et les oignons nouveaux. Faites à nouveau griller tous les ingrédients. Verser la sauce préalablement mélangée sur les légumes. Couper les crevettes en deux et retirer les intestins. Salez et poivrez et faites frire avec la viande vers le haut. Enfin, disposez les légumes et placez les crevettes frites dessus.

67. Brochettes de fruits de mer grillés

Ingrédients

Pour les brochettes
- 1 courgette
- 200 g de filet de saumon prêt à cuire, sans peau
- 200 g de filet de sandre prêt à cuire, avec la peau
- 200 g de crevettes prêtes à cuire, décortiquées et déveinées
- 2 citrons verts non traités
- 1 cuillère à café de poivre rouge
- ½ cuillère à café de grains de poivre noir
- sel de mer
- 4 cuillères à soupe d'huile d'olive
- Pour la trempette

- 500g
- yaourt nature
- poivre du moulin
- du sucre

Étapes de préparation

2. Lavez et nettoyez les courgettes et coupezles en tranches de 1 cm d'épaisseur. Lavez le poisson, essuyez-le et coupez-le en cubes de la taille d'une bouchée. Lavez les crevettes. Rincer les citrons verts à l'eau chaude, frotter le zeste d'un citron vert et presser le jus. Couper le citron vert restant en tranches. Écraser grossièrement les grains de poivre dans un mortier et mélanger avec une généreuse pincée de sel, l'huile et la moitié du jus de citron vert. Placer les cubes de poisson en alternance avec les tranches de courgettes et les crevettes sur des brochettes et les enrober de marinade au citron vert. Laissez infuser pendant 30 minutes.

3. Pour la trempette, mélangez le yaourt avec le reste du jus de citron vert, mélangez avec du

sel, du poivre et une pincée de sucre, versez dans des bols et décorez avec le zeste de citron vert. Placer les brochettes avec les tranches de citron vert sur un gril chaud et faire griller pendant 8 à 10 minutes en les retournant de temps en temps. Servir avec la trempette.

68. Brochette de poisson sauce tarator

Ingrédients
- 700 g de filet de poisson ferme (épée ou thon)
- 1 citron (jus)
- huile d'olive
- Poudre de paprika (noble doux)

- Sel de mer (du moulin)
- Poivre (du moulin)
- Feuilles de laurier (fraîches)

Pour la sauce:
- 100 g de noix (pelées)
- 3 gousses d'ail
- 2 tranche(s) de pain blanc (sans la croûte)
- 150 ml d'huile d'olive
- 1 citron (jus)
- Sel de mer (du moulin)
- Poivre (du moulin) **préparation**

1. Couper le filet de poisson en env. Cubes de 2 cm d'épaisseur et faire mariner avec du jus de citron, de l'huile d'olive, du paprika en poudre, du sel de mer et du poivre pendant env. 1 heure. Collez ensuite les morceaux de poisson en alternance avec une feuille de laurier chacun sur une grande ou plusieurs petites brochettes métalliques. Griller au charbon de bois si possible, sinon faire frire dans une poêle en téflon. Mélanger tous les ingrédients dans un mixeur pour faire une

sauce homogène pour la sauce. Disposer les brochettes frites, servir la sauce à part.

69. Saumon des Alpes Grillé

Ingrédients
- Saumon alpin
- huile d'olive
- Épices (au choix)
- Herbes (de votre choix) **préparation**

1. Pour le saumon alpin, bien laver le poisson prêt à cuire et l'essuyer.
2. Badigeonner le poisson d'huile d'olive et frotter l'intérieur et l'extérieur avec les épices de votre choix. Mettez les herbes de votre choix dans le ventre du poisson.

3. Placer le poisson sur le gril et faire griller pendant environ 7 minutes.

70. Feta méditerranéenne en papillote

Ingrédients
- 1 gousse(s) d'ail
- 2 cuillères à soupe de crème végétale Rama Culinesse
- 1 pièce d'échalote
- 1 cuillère à soupe de pignons de pin
- 6 brins de thym (ou 1 cuillère à café de thym séché)

- 5 pièces Olives (sans noyau)
- 1 cuillère à café de câpres
- 4 morceaux de filets d'anchois
- 20 g de tomates (séchées)
- 6 tomates cerises
- 2 morceaux de feta (150g chacun)

préparation

1. Épluchez et émincez finement l'échalote et l'ail. Faites griller les pignons de pin dans une poêle sans matière grasse, à feu moyen jusqu'à ce qu'ils soient dorés. Hacher grossièrement le thym, les olives, les câpres, les anchois, les pignons et les tomates séchées et mélanger avec les échalotes, l'ail et la crème de légumes.
2. Lavez et coupez les tomates cerises. Étalez deux feuilles de papier d'aluminium et placez une feta sur chacune, étalez les tranches de tomates et la crème de légumes rama sur le dessus. Pliez la feuille d'aluminium en paquets et placez sur le gril pendant environ 15 minutes.

RECETTES DE BOEUF

71. Steak de Porterhouse à base de fumée de whisky

Ingrédients

- Porterhouse bifteck
- sel
- poivre de whisky

Préparation

1. Sortez le steak du réfrigérateur env. 1 heure avant de griller pour qu'il puisse atteindre la température ambiante. La croûte grasse est grattée avec un couteau bien aiguisé. 30

minutes avant la cuisson, le steak est généreusement salé des deux côtés.

Grillage

1. Le grill est réglé à une température de 120 °C. Le steak est grillé indirectement à une température à cœur de 50 °C dans la première étape. Ensuite, il est fumé discrètement avec des morceaux de whisky.
2. La deuxième étape consiste à donner une croûte au steak. Pour ce faire, le gril est chauffé à une température élevée (> 250°C). Le steak est grillé directement des deux côtés pendant environ 3 minutes. Le steak peut bien sûr aussi être grillé sur la zone de grésillement, une assiette en fonte ou dans une poêle.
3. Le steak doit maintenant avoir une température à cœur d'env. 54°C (moyennement saignant). Laissez simplement le steak sur le gril plus longtemps au cours de la première phase si vous le souhaitez plus. Ensuite, le steak de porterhouse est débarrassé de l'os et coupé en tranches, assaisonné d'un peu de sel et de poivre de whisky - c'est terminé !

72. Cevapcici en galette

Ingrédients
- 1 kg de viande hachée (mixte boeuf/agneau ou boeuf/porc)
- 1 gros oignon
- 3 gousses d'ail a
- peu de persil frais
- 1 cuillère à soupe d'huile d'olive
- 1 cuillère à soupe de sel
- 3 cuillères à café de poudre de paprika
- 3 cuillères à café de poivre finement moulu

- Galette
- salade
- ajvar
- piments

Préparation

1. L'oignon est finement râpé (non haché), les gousses d'ail sont pressées, le persil finement ciselé. La viande hachée est bien mélangée avec l'oignon, l'ail, le persil et les autres ingrédients pour répartir uniformément les épices.
2. Maintenant, vous formez des cevapcici d'une épaisseur d'un pouce, d'environ 7 cm de long. L'utilisation du Cevapomaker est appropriée ici, avec laquelle vous pouvez former sept Cevapcici en un seul cours. *Grillage*
    1. Le gril est préparé pour griller directement à feu moyen. Les cevapcici sont placés sur la grille chaude, retournés 3 à 4 minutes et grillés de l'autre côté. Ensuite, les cevapcici sont retirés du gril et nous préparons les pains plats. Le pain plat est garni de salade et 6 à 7 cevapcici sont placés sur le dessus. Étalez 2 à 3 cuillères à soupe d'entre-deux dessus et placez deux poivrons dessus.

73. Steakburger de luxe

Ingrédients
- 1 steak de porterhouse (environ 1 kg)
- Sel de mer, gros
- Pains à hamburger
- 4 cuillères à soupe de mayonnaise
- romarin frais
- Radis marinés

Pour les oignons balsamiques :
- 2 oignons
- 2 cuillères à soupe d'huile
- 5 cuillères à soupe de vinaigre balsamique
- 1 cuillère à soupe de sucre, brun
- 1 cc de paprika en poudre
- sel poivre

Préparation
1. Le steak est saupoudré de sel des deux côtés 30 minutes avant de le griller. Mélangez une mayonnaise au romarin avec la mayonnaise, le romarin frais (1 cuillère à café hachée) et une pincée de poivre. *Grillage*
2. Le gril est préparé pour les grillades directes et indirectes. Le steak est d'abord grillé des deux côtés pendant 3 minutes chacun à feu vif et direct. Dès que nous avons donné à la viande une belle croûte, elle se déplace vers le côté indirect, où nous la tirons jusqu'au degré de cuisson souhaité.
3. Pendant ce temps, les oignons balsamiques sont préparés. L'huile est chauffée dans une casserole, puis les oignons sont ajoutés. Les oignons sont assaisonnés avec du poivre, du sel, de la poudre de paprika et du sucre. Dès que les oignons deviennent translucides, versez le vinaigre balsamique dans la poêle et continuez de

les faire revenir à feu doux jusqu'à ce que les oignons aient absorbé le vinaigre balsamique.
4. Une fois que la viande a atteint sa température cible, elle était à 55°C à cœur - elle est coupée en tranches et délicatement poivrée et salée. Enfin, la moitié inférieure du pain est enrobée de mayonnaise au romarin, la viande, les oignons balsamiques et les tranchesles radis sont placés dessus - c'est fait !

74. Burger de boeuf effiloché

Ingrédients
- Bœuf effiloché

- Pains à hamburger
- Confiture de Lard et Prune
- Sauce BBQ, ici : BBQ King Sauce BBQ (à base de prunes)
- prunes

Préparation

1. Étalez d'abord 2 à 3 cuillères à soupe de confiture sur la moitié inférieure du petit pain. Une bonne portion (environ 100 - 120 g) de bœuf effiloché est placée dessus. La garniture du hamburger se compose d'un peu de sauce barbecue et de 2-3 fines tranches tranches de prunes.

75. Bœuf effiloché du fumoir

Ingrédients
- 2 kg de cou de bœuf (au moins 2 kg - les petits morceaux peuvent sécher !)

Préparation
1. Le cou de bœuf est assaisonné de tous les côtés avec le frottement et scellé sous vide pendant 12 à 24 heures ou enveloppé dans du film alimentaire et placé au réfrigérateur.

Grillage
2. Le gril / fumoir est réglé sur une température de 100 à 120 °C (« bas et lent »). Le col est placé dans la zone indirecte, relié au thermomètre puis fumé discrètement avec le couvercle fermé. Le bœuf effiloché est prêt à une température à cœur comprise entre 87 et 90 ° C, selon son degré de tendreté.

76. Bavette dans la marinade teriyaki

Ingrédients
- 1 bavette (env. 700 g)
- marinade teriyaki
- 2 cuillères à soupe de graines de sésame a
- peu d'huile d'olive
- sel poivre

Préparation
1. Tout d'abord, les ingrédients de la marinade sont mélangés. Ensuite, vous mettez la viande sous une forme appropriée et ajoutez la marinade. Le steak est mariné au réfrigérateur pendant environ deux heures, retournant après une heure. Ne jetez pas la marinade après avoir retiré le steak, vous en aurez toujours besoin pendant la cuisson. Les

graines de sésame sont brièvement grillées dans une poêle légèrement badigeonnée d'huile d'olive. *Grillage*

2. Le gril est réglé sur 250 - 300°C pour des grillades directes. Le steak est grillé directement des deux côtés pendant 2 minutes chacun. Avant que le bifteck de flanc ne soit cuit dans la zone indirecte à env. 100 - 120 ° C, il est à nouveau plongé dans la marinade. La viande est sortie du gril à une température à cœur de 56 ° C et est laissée au repos pendant une courte période avant d'être coupée en tranches dans le sens du grain. Enfin, la bavette est parsemée de graines de sésame grillées, assaisonnées de sel et de poivre si nécessaire.

77. Steak de Porterhouse de la planche de

whisky

Ingrédients
- 1 steak de porterhouse (env. 900 g)
- Mer sel, gros

Préparation
1. Sortez le steak du réfrigérateur env. 1 heure avant de griller pour qu'il puisse atteindre la température ambiante. La croûte grasse est rayée. 30 minutes avant la cuisson, le steak est généreusement salé des deux côtés. *Grillage*
2. Le gril est préparé pour une cuisson indirecte à env. 110 - 120 ° C. Les planches de whisky sont placées sur la zone indirecte et "chauffées" pendant environ 10 minutes.

Dès que les planches commencent à fumer et dégagent une odeur, placez le steak sur les planches (attention : placez le steak à l'intérieur de la planche, car ce côté était en contact avec le whisky). Lorsque la température à cœur avoisine les 40°C, retournez le steak pour que l'autre face reçoive également la saveur de la planche. A 52°C vous sortez le steak de la planche et le faites griller 2 minutes des deux côtés à une température de > 250°C pour une belle croûte. Le steak est coupé en tranches et légèrement salé.

78. Contre-filet avec pain à l'ail

Ingrédients

- 500 g de contre-filet (ici : de Scotch Beef & Scotch Lamb)
- Chimichurri
- ½ baguette
- huile d'olive, ail, sel et poivre
- un peu de salade fraîche

Préparation

1. Sortez le steak du réfrigérateur environ une heure avant de le griller afin qu'il puisse atteindre la température ambiante. La couverture de graisse est coupée et la viande est frottée avec du gros sel de mer des deux côtés.

Grillage

2. Le gril est préparé pour une cuisson directe à feu vif et le steak est grillé selon la méthode bien connue 90/90/90/90. À cette fin, la zone de grésillement du LE3 a été utilisée et la viande a ensuite été tirée dans le gril à un peu moins de 150 ° C jusqu'à une température à cœur d'env. 54°C. Pendant ce temps, l'huile d'olive est mélangée avec un peu de sel, de poivre et deux gousses d'ail pressées et étalée sur la baguette coupée. Le pain est brièvement grillé au grill puis réparti sur la salade. Enfin, ajoutez-y du chimichurri. Le steak était très juteux et avait un bon goût. Le sel et le poivre soutiennent parfaitement le goût sensationnel de la viande.

79. T-Bone grillé inversé

Ingrédients
- 1 steak T-bone (environ 1 kg, au moins 4 cm d'épaisseur)
- sel

Préparation
1. Sortez le steak du réfrigérateur env. 1 heure avant de griller pour qu'il puisse atteindre la température ambiante. La croûte grasse est rayée. 30 minutes avant la cuisson, le steak est généreusement salé des deux côtés. *Grillage*
2. Le grill ou fumoir est réglé à une température de 100°C. Dans un premier temps, le T-bone steak est grillé

indirectement jusqu'à une température à cœur de 50°C. Le steak est fumé discrètement avec du bois de hickory ou un autre bois de votre choix.

3. La deuxième étape consiste à donner une croûte au steak. Pour ce faire, vous chauffez le gril avec grille en fonte (pour le marquage) à une température élevée (> 250°C). Le steak est grillé directement des deux côtés pendant environ 3 minutes. Le steak peut bien sûr aussi être grillé sur la zone de grésillement, une assiette en fonte ou dans une poêle.

4. Le steak doit maintenant avoir une température à cœur d'env. 54°C (moyennement saignant). Laissez simplement le steak sur le gril plus longtemps au cours de la première phase si vous le souhaitez plus. Ensuite, le portier est débarrassé de l'os et coupé en tranches, assaisonné de sel et de poivre - c'est terminé !

80. Côtes de Boeuf de la fumée de hickory

Ingrédients
- Côtes de boeuf
- Rub de côtes de boeuf
- sauce barbecue

Préparation
1. Tout d'abord, la peau argentée est retirée des côtes de bœuf. Pour ce faire, vous passez un couteau sous l'un des os et soulevez la peau argentée. Ensuite, il peut

être déduit - probablement plus difficile qu'avec des côtes levées de porc. Ensuite, les côtes de bœuf sont frottées avec le frottement des deux côtés. Le rub doit être utilisé avec parcimonie car le goût du bœuf doit naturellement dominer. Enveloppées dans du film alimentaire, les côtes levées doivent maintenant reposer au réfrigérateur pendant environ 12 à 24 heures. *Grillage*

2. Le grill/fumoir est réglé sur une chaleur indirecte de 100 - 120 ° C. Les côtes sont placées sur le grill avec l'os vers le bas. Les quatre premières heures sont fumées au bois d'hickory. Ensuite, les côtes levées sont enveloppées dans du papier d'aluminium et généreusement badigeonnées de sauce barbecue. La température est portée à 140 °C. Ils sont donc grillés indirectement pendant encore deux heures. Les côtes de bœuf sont prêtes après un total de six heures. Le reste de la sauce est étalé sur la surface.

SAUCES BARBECUE

81. Sauce tomate épicée

Ingrédients

- 550g de tomates fraîches
- 2 oignons
- 3 gousses d'ail
- 3 piments
- 100 g de basilic frais
- 2 cuillères à soupe d'huile d'olive
- 2 cuillères à soupe de concentré de tomate
- 100 ml de vinaigre de vin blanc
- 4 cuillères à soupe de sucre
- 4 cuillères à soupe de vinaigre balsamique

- Sel de poivre **préparation**

Laver les tomates. Eplucher et couper en deux les oignons. Peler l'ail. Lavez les piments et retirez les graines. Lavez et hachez le basilic.
2. Préchauffer le grill à 200°C. Mettre les tomates (entières), les piments, les oignons et l'ail dans un plat allant au four. Couvercle fermé, faites rôtir au grill à chaleur indirecte à 200°C pendant environ 30 minutes.
3. Faites chauffer l'huile d'olive dans une casserole, faites rôtir le concentré de tomates et déglacez au vinaigre de vin blanc. Retirer les tomates, le piment, les oignons et l'ail du gril et les ajouter à la casserole. Réduire en purée avec le basilic frais en une masse homogène (ajouter un peu d'eau s'il n'y a pas assez de liquide). Laisser mijoter la sauce tomate épicée pendant 10 minutes et réduire.
4. Ajouter le sucre à la sauce tomate morceau par morceau. Aussi, assaisonnez avec du poivre et du sel et une cuillerée de vinaigre balsamique.
5. Laissez refroidir la sauce tomate épicée puis versez-la dans des bouteilles.

1.

82. Recette de beurre Café de Paris

Ingrédients
- 125 g de beurre mou
- 1 cuillère à café de pâte d'anchois
- 1 cuillère à café d'aneth
- 1 cuillère à café de thym
- 1 cuillère à café d'estragon
- 1 cuillère à café de marjolaine
- 1 cuillère à café de persil plat
- 1 cuillère à café de moutarde de Dijon
- 2cl de cognac
- 1 gousse d'ail
- 1 cuillère à café de poudre de paprika doux
- sel
- poivre

Pas à pas

Vous devriez d'abord sortir le beurre du réfrigérateur si vous n'avez pas déjà de beurre ramolli sous la main. Le beurre doit ramollir un moment à température ambiante.

2. Maintenant, vous hachez très finement toutes les herbes fraîches.
3. Bien mélanger le beurre avec les herbes dans un bol et pétrir.
4. Ajouter la pâte d'anchois, le cognac, la gousse d'ail finement hachée et la poudre de paprika. Bien pétrir à nouveau.
5. Le beurre Café de Paris est assaisonné de sel et de poivre en dernière étape.

1.

83. Recette de chutney de tomates

Ingrédients
- 1 oignon rouge
- 1 piment vert
- 5 tomates mûres
- 220 ml d'eau
- 1 cuillère à soupe d'huile de tournesol
- 1 cuillère à café de sucre
- 1 cuillère à café de flocons de piment
- Sel (selon le goût)
- 1/2 cuillère à café de curcuma
- 1 feuille de laurier séchée
- 1/2 cuillère à café de curry de Madras

Préparation

Épluchez d'abord l'oignon et hachez-le finement avec le piment. Si vous ne l'aimez pas trop épicé, enlevez les noyaux du piment
2. Retirez le pédoncule des tomates et grattez légèrement la peau en forme de croix. Ensuite, mettez les tomates dans un bol, ajoutez de l'eau bouillante et laissez les tomates infuser pendant 2-3 minutes. Ensuite, vous pouvez décoller la peau des tomates merveilleusement et facilement.
3. Ensuite, utilisez une râpe à légumes pour transformer les tomates pelées en une fine purée de fruits.
4. Maintenant, mettez un peu d'huile dans une poêle et faites revenir les morceaux d'oignon jusqu'à ce qu'ils soient translucides. Ajoutez ensuite les piments et faites frire encore 1 à 2 minutes. Ajouter les flocons de piment, le curcuma, une feuille de laurier écrasée et le curry de Madras et réduire le feu.
5. Dès que les épices sont grillées, ajouter le concentré de tomates, env. 220 ml d'eau et le sucre. Laissez mijoter le tout environ 1520 minutes et remuez à nouveau jusqu'à ce que

1.

l'eau se soit évaporée et que le chutney ait une belle consistance.
6. Enfin, ajoutez du sel au goût et remplissez le chutney de tomates dans des pots Mason.

84. Sauce Moutarde Caroline

Ingrédients
- 300 g de moutarde moyennement piquante
- 110g de miel
- 80 g de vinaigre de cidre de pomme
- 8 cuillères à soupe de ketchup aux tomates
- 30 g de cassonade tassée
- 50 g de sauce Worcester

- 4 cuillères à café de chipotle tabasco

Préparation
1. Tout d'abord, mélangez la cassonade tassée avec le vinaigre de cidre de pomme et la sauce Worcester pour dissoudre le sucre. Sinon, il y aura des grumeaux.
2. Vient ensuite le miel, remuez bien pour qu'il se dissolve.
3. Ajoutez maintenant la moutarde, le ketchup et le chipotle Tabasco. Sentez lentement Tabasco si vous êtes un peu sensible à la netteté. Bien mélanger le tout jusqu'à obtention d'une belle sauce et laisser infuser au réfrigérateur pendant 2 heures.

85. Yaourt citron-menthe

Ingrédients

- 500 ml de yaourt turc
- 1/2 cuillère à café de zeste d'un citron non traité
- 1 - 2 cuillères à soupe de jus de citron
- 4 - 5 tiges de persil feuille
- 3 tiges de menthe fraîche
- 2 cuillères à café de vinaigre de vin blanc
- sel

☐ poivre **préparation**

1. Le yaourt citron-menthe est très rapide à préparer. Tout d'abord, mettez le yaourt turc dans un bol. Ajoutez 1/2 cuillère à café de zeste d'un citron non traité et 1 à 2 cuillères à soupe de son jus.

2. Ensuite, arrachez les feuilles et les fines tiges de menthe et de persil et hachez-les très finement à l'aide du hachoir. Ajoutez ensuite les herbes au yaourt.
3. Enfin, ajoutez un peu de vinaigre de vin blanc et assaisonnez le tout avec du sel et du poivre au goût. Mettez-le ensuite au réfrigérateur et laissez infuser environ 45 minutes.

86. Recette Chutney Rhubarbe

Ingrédients
- 300g de bâtonnets de rhubarbe
- 1/2 piment
- 1 oignon rouge
- 1 petit poivron rouge
- 1 pomme (pas trop acide)
- 330 g de sucre de conservation
- 30 ml de vin rouge (sec)
- 1/2 cuillère à café de gingembre râpé
- 1 cuillère à café de zeste d'un citron vert non traité
- 60 ml de vinaigre balsamique noir
- 1 cuillère à café de graines de moutarde grossières

- 1 cuillère à café de sel
- 1/2 cuillère à café de poivre de cayenne

Préparation
1. La préparation du chutney est très simple et rapide. Lavez d'abord, épluchez et coupez la rhubarbe en fins cubes. Eplucher et émincer finement l'oignon rouge également.
2. Retirez le cœur du paprika et du piment, épluchez et épépinez la pomme. Ensuite, coupez en fins morceaux.
3. Maintenant, mettez le tout dans une casserole et ajoutez tous les autres ingrédients sauf le sucre à glace. Il repose complètement pendant 60 minutes et s'en tire bien.
4. Après le temps de marinade, vous mettez un pot de coulée sur le gril et versez le chutney. L'infusion doit maintenant bouillir lentement et laisser mijoter à feu doux pendant 30 bonnes minutes jusqu'à ce que la rhubarbe et tout le reste soient agréables et doux et se soient désintégrés. Le sucre de conservation est ajouté peu de temps avant la fin du temps de cuisson.

5. Dès que tout est bien cuit, le chutney encore chaud est aussitôt scellé dans le bocal.
Laissez ensuite refroidir les pots et placezles au réfrigérateur.

87. Recette de sauce hollandaise

Ingrédients
- 200g de beurre
- 4 jaunes d'oeufs
- 2 cuillères à soupe de vinaigre de vin blanc
- 1 cuillère à café de jus de citron
- poivre blanc
- sel

préparation
1. Faire fondre le beurre dans une casserole à feu moyen en prenant soin de ne pas le faire colorer. Retirez la casserole du feu et laissez refroidir le beurre fondu jusqu'à ce qu'il soit tiède. Écumer la mousse si nécessaire.
2. Fouetter les jaunes d'œufs et 1 cuillère à soupe d'eau dans un bol - de préférence avec un fouet ou un batteur à main. Ajouter le vinaigre de vin blanc en remuant. Puis fouettez au bain-marie chaud (environ 70 degrés Celsius) pour former une crème épaisse. Retirer du bain-marie et continuer à battre pendant une minute.
3. Ajouter le beurre liquide goutte à goutte, puis en mince filet à la crème en remuant constamment. Assaisonner avec du sel, du poivre et du jus de citron.

88. Recette de Guacamole

Ingrédients

- 3 avocats
- 1 citron vert
- 1 grosse tomate aromatique
- 1 petit oignon rouge ☐ Herbe de coriandre
- 1 piment / jalapeño
- sel
- Facultatif : 1 gousse d'ail

Pas à pas

1. Lavez ou épluchez les tomates, les oignons, le piment / jalapeño et, si nécessaire, l'ail, hachez-le finement et placez-le dans un bol
2. Coupez les avocats en deux et retirez le noyau, cela fonctionne mieux si vous frappez

légèrement le côté tranchant d'un couteau de cuisine sur le noyau, le couteau doit se coincer. Tournez ensuite légèrement le couteau dans le sens des aiguilles d'une montre pour desserrer le noyau et retirezle. Retirez la pulpe avec une cuillère et placez-la dans un deuxième bol

3. Presser le citron vert et verser le jus sur les avocats
4. Mixer les avocats au mixeur plongeant ou à la fourchette
5. Hacher grossièrement la coriandre et l'incorporer au mélange d'avocats
6. Mélanger tous les autres ingrédients finement hachés
7. Bien assaisonner avec du sel

89. Recette de pesto au basilic

Ingrédients
- 50 g de feuilles de basilic (frais)
- Glaçons
- 2 - 3 gousses d'ail
- 60 g de parmesan en un seul morceau
- 40 g de pignons de pin
- ½ cuillère à café de gros sel de mer
- 120 ml d'huile d'olive extra vierge

Pas à pas
1. Placer les couteaux du robot culinaire au réfrigérateur pendant 10 minutes.
2. Retirez les feuilles de basilic des tiges et lavez-les à l'eau froide. Placer ensuite dans un bol avec des glaçons.

3. Épluchez les gousses d'ail et coupez-les en morceaux.
4. Râpez le parmesan.
5. Mettez le couteau dans le robot culinaire, versez les feuilles de basilic refroidies, l'ail, le parmesan râpé et les pignons de pin.
6. Hacher les ingrédients en quelques bosses.
7. Ajouter le sel de mer et mélanger pendant environ 1 minute.
8. Ajouter l'huile d'olive et mélanger jusqu'à ce que le pesto de basilic soit homogène et crémeux.

90. sauce teriyaki

Ingrédients
- 1 demi gousse d'ail
- 1 petit morceau de gingembre
- 1 cuillère à soupe de bonne huile de cuisson
- 1 cuillère à soupe d'huile de sésame
- 50 g de cassonade
- 150 ml de sauce soja
- 150 ml de mirin
- 50 ml de saké
- Facultatif : graines de sésame pelées

Pas à pas
1. Faites griller brièvement les graines de sésame pelées dans un plat verseur et mettez-les de côté.
2. Épluchez une demi-gousse d'ail et un morceau de gingembre à peu près de la même taille.
3. Mettre l'huile de cuisson et l'huile de sésame dans une casserole, faire revenir légèrement le gingembre et l'ail.
4. Ajouter le sucre et laisser fondre en remuant constamment.
5. Ajouter le mirin, la sauce soja et le saké.
6. Faites réduire la sauce à la consistance désirée à feu moyen. Remuer régulièrement

pour dissoudre les morceaux de sucre caramélisés.
7. Incorporer les graines de sésame en fin de cuisson.
8. Retirer le gingembre et l'ail, laisser refroidir la sauce.

LA VOLAILLE

91. Poulet Grillé

Ingrédients
- 1 poulet env. 1,2 kg
- sel
- poivre

- 3 tiges de persil
- 3 tiges de thym
- 1 oignon
- 4 cuillères à soupe d'huile de colza
- 1 cuillère à café de poudre de paprika doux
- 2 cuillères à café de concentré de tomate
- ½ cuillère à café de thym séché
- 50 ml de bière brune

Étapes de préparation

2. Lavez le poulet, essuyez-le et assaisonnez à l'intérieur et à l'extérieur avec du sel et du poivre. Secouez le persil et le thym pour les sécher après les avoir lavés. L'oignon doit être épluché et coupé en quatre. Remplissez la cavité abdominale avec l'oignon et les herbes et fixez-la avec un cure-dent.

3. Mélanger l'huile de colza, la poudre de paprika, la pâte de tomate et le thym dans un bol à mélanger. Badigeonner la moitié de la marinade sur le poulet et mettre de côté trop raide pendant 30 minutes.

4. Le poulet doit ensuite être placé sur une brochette de gril, fixé sur le gril et cuit pendant environ 1 heure, en le retournant fréquemment. Badigeonner périodiquement

de marinade. 10 minutes avant la fin de la cuisson, badigeonner de bière.

92. Ailes de poulet grillées

Ingrédients
- 1 kg d'aile de poulet
- 2 gousses d'ail
- 1 piment
- 2 cuillères à soupe de concentré de tomate
- 1 cuillère à soupe de miel
- 1 cc de moutarde piquante
- 1 cuillère à soupe de vinaigre balsamique
- 2 cuillères à soupe de jus de citron
- 1 cuillère à soupe d'herbes fraîchement hachées thym et romarin

- 4 cuillères à soupe d'huile d'olive
- sel

Étapes de préparation

1. Lavez les ailes de poulet et essuyez-les. Eplucher et hacher finement les gousses d'ail.
2. Lavez, nettoyez et hachez finement le piment. Mélanger l'ail, la pâte de tomate, le miel, la moutarde, le vinaigre balsamique, le jus de citron, les herbes et l'huile et assaisonner de sel.
3. Étaler les ailes sur la grille du gril et badigeonner avec le mélange d'épices. Griller pendant environ 20 minutes, en retournant de temps en temps et en badigeonnant à nouveau la pâte.

93. Brochettes de poulet yakitori grillées

Ingrédients
- 500 g de poulet jeté de pilons de poulet
- 2 oignons nouveaux
- 80 ml de bouillon de volaille
- 125 ml de sauce soja
- 20g de sucre
- 2 cuillères à soupe de mirin
- brochette de bambou

Étape de préparation
1. Faire tremper les brochettes de bambou quelques minutes dans l'eau. Le poulet doit être coupé en cubes de 2 cm. Lavez et nettoyez les oignons nouveaux, puis coupezles en quatre morceaux égaux, blanc

et vert clair. Porter à ébullition le bouillon de volaille, la sauce soja et le sucre, puis réduire à feu doux et laisser mijoter quelques minutes. Le mirin peut être ajouté au goût.
2. Enfilez 3 morceaux de poulet et 2 morceaux de poireau sur chaque brochette, puis trempez-les dans la sauce, laissez mariner 10 minutes, égouttez et faites griller sur une grille pendant 7 minutes jusqu'à ce qu'ils soient dorés. Disposer les brochettes de manière décorative sur des assiettes et servir.

94. Poitrine de poulet grillée aux épinards

Ingrédients
- 4 filets de poitrine de poulet
- sel
- poivre du moulin
- 2 gousses d'ail
- 1 piment
- 1 cuillère à soupe de graines de sésame
- 5 cuillères à soupe d'huile
- 150g d'épinards

Étapes de préparation
1. Saler et poivrer les filets de poitrine de poulet après les avoir badigeonnés d'huile. Essorez les épinards après les avoir lavés, nettoyés et triés.
2. L'ail doit être épluché et haché. Lavez le piment puis émincez-le dans le sens de la longueur pour retirer les pépins et la peau intérieure blanche avant de le couper très finement.
3. Faire griller les filets de poitrine de poulet 4 à 5 minutes de chaque côté sur une grille chaude. Dans une poêle séparée, faites chauffer le reste de l'huile, faites frire l'ail, le piment et les graines de sésame jusqu'à ce qu'ils soient parfumés, ajoutez les épinards, mélangez brièvement et assaisonnez de sel.

4. Pour servir, placer les épinards sur des assiettes avec l'ail, le piment et les graines de sésame, et garnir de poitrine de poulet grillée.

95. Poitrine de Poulet au Sésame

Ingrédients
- 30 g de sésame pelé (3 cuillères à soupe)
- 720 g de filet de poulet (4 filets de poulet)
- 3 g de gingembre (1 pièce)
- 1 piment rouge
- 1 citron vert bio
- 4 cuillères à soupe de sauce soja
- 2 cuillères à café de miel
- 1 cuillère à soupe d'huile de colza

- 3 cuillères à soupe de sauce aux huîtres

Étapes de préparation
1. Dans une poêle, faire griller les graines de sésame jusqu'à ce qu'elles soient dorées. Disposer sur une assiette.
2. Les filets de poitrine de poulet doivent être lavés et séchés avec du papier absorbant.
3. Pelez et hachez finement le gingembre. Le chili doit être coupé en deux dans le sens de la longueur, épépiné et haché finement.
4. Lavez le citron vert à l'eau chaude, séchezle et râpez finement la moitié du zeste. Le citron vert doit être coupé en deux et pressé.
5. Mélanger le gingembre, le piment, le zeste de citron vert, la sauce soja, le miel, l'huile et la sauce aux huîtres dans un bol à mélanger.
6. Laissez la poêle à griller chauffer. Badigeonner les filets de poitrine de poulet avec la sauce chili et miel, puis les placer dans la poêle et griller pendant 12 minutes, en les retournant et en les badigeonnant de sauce plusieurs fois.
7. Les graines de sésame doivent être saupoudrées sur les filets de poitrine de

poulet et le jus de citron vert doit être arrosé au goût.

96. Rouleaux de jambon feta grillés

Ingrédients
- 300g de féta
- 5 branches de thym
- 120 g de jambon de dinde séché à l'air en tranches

Étapes de préparation
1. Couper la feta en bâtonnets de l'épaisseur d'un doigt. Lavez le thym, secouez-le pour le sécher, enlevez les feuilles des brindilles et saupoudrez de bâtons de feta.
2. Enveloppez les stylos dans du jambon et faites-les frire sur une grille pour un total

d'env. 5 minutes jusqu'à ce qu'ils soient légèrement dorés.

97. Sandwichs au poulet grillé

Ingrédients
- 4 filets de poitrine de poulet env. 100 g chacun
- sel
- poivre
- 1 cuillère à soupe d'huile végétale
- 1 oeuf
- 2 cuillères à soupe de parmesan

- 2 cuillères à soupe de beurre
- 8 tranches de sandwich
- 8 tranches de bacon à déjeuner
- 2 cuillères à soupe de pesto rosso
- 150 g de fromage (tranché)
- 4 tranches de jambon cuit

Étapes de préparation
1. Préchauffer le four en fonction grill.
2. Rincez les poitrines de poulet, séchez-les, assaisonnez avec du sel, du poivre et faitesles frire dans l'huile chaude dans une poêle des deux côtés pendant 2-3 minutes jusqu'à ce qu'elles soient dorées. Laisser mijoter 34 minutes à feu doux. Ensuite, coupez en morceaux de la taille d'une bouchée.
3. Battre l'oeuf avec le parmesan. Passer les tranches de sandwich à travers l'œuf et les faire frire dans une poêle dans du beurre chaud jusqu'à ce qu'elles soient dorées des deux côtés.
4. Faire revenir le bacon dans une poêle sans huile jusqu'à ce qu'il soit doré. Étaler une fine couche de pesto sur 4 tranches de pain. Garnir ensuite de fromage, de jambon, de bacon et de poitrine de poulet. Couvrir les

tranches de pain restantes et cuire au four brun et croustillant sous le gril chaud jusqu'à ce que le fromage fonde.
5. Servir coupé en deux si désiré.

98. Filet de poulet grillé au guacamole

Ingrédients
- 4 filets de poitrine de poulet
- sel
- poivre fraîchement moulu
- 2 avocats mûrs
- 3 tomates mûres
- 1 oignon rouge
- 2 cuillères à soupe de jus de citron
- 1 cuillère à café de poivre de cayenne
- Huile d'olive vierge extra

- galettes de tortillas produit fini, ad libitum
- zeste de citron ou quartiers d'orange

Étapes de préparation

1. Épluchez et coupez les avocats en deux, retirez le noyau et coupez la pulpe en petits cubes. Laver et couper les tomates en dés. Eplucher et émincer l'oignon. Mélanger la pulpe d'avocat avec les tomates et l'oignon. Incorporer 2 cuillères à soupe d'huile, le jus de citron, le sel et le poivre de Cayenne.

2. Séchez les filets de poitrine de poulet et assaisonnez avec du sel et du poivre. Badigeonner d'un peu d'huile, puis placer sur le charbon de bois chaud ou le gril de table et faire griller pendant 3 à 4 minutes de chaque côté. Couper les filets de poitrine en tranches et les disposer sur des assiettes avec le guacamole. Des quartiers de citron ou d'orange et des tortillas réchauffées suffisent.

99. Brochettes de bananes et poulet grillées

Ingrédients
- 800 g de filet de poulet
- 4 cuillères à soupe de sauce soja
- 4 cuillères à soupe d'huile de sésame
- 1 cuillère à café de curcuma
- 1 cc de thym séché
- poivre du moulin
- 2 bananes
- 2 oignons rouges
- sel

Étapes de préparation
1. Faire tremper les brochettes en bois (4 petites ou 8 grandes) pendant environ 30 minutes.

2. Pendant ce temps, lavez les poitrines de poulet, essuyez-les et coupez-les en cubes de la taille d'une bouchée. Mélanger la sauce soja avec l'huile, le curcuma, le thym et le poivre et faire mariner les cubes de poulet au réfrigérateur pendant environ 2 heures.
3. Eplucher les bananes et les couper en tranches d'env. 1cm d'épaisseur. Eplucher les oignons et les couper en gros morceaux. Placer les cubes de viande, les bananes et les morceaux d'oignon en alternance sur les brochettes et les faire griller sur le gril chaud pendant 8 à 10 minutes en les retournant de temps en temps. Enfin, salez et servez.

100. Rôti de rouleau de dinde grillée

Ingrédients
- 1 kg de rôti de dinde fini
- sel
- poivre
- 2 cuillères à soupe de concentré de tomate
- 1 cuillère à soupe de moutarde
- 2 cuillères à soupe d'huile d'olive
- 2 gousses d'ail
- 1 cc de paprika en poudre

Étapes de préparation
1. Lavez le rouleau de dinde, essuyez-le, assaisonnez de sel et de poivre. Mettez sur une rôtissoire et fixez avec les supports.

2. Mélanger la pâte de tomate, la moutarde, l'huile et le paprika dans une marinade. Eplucher et hacher l'ail et l'ajouter à la marinade. Badigeonner les rouleaux de dinde tout autour avec la marinade.
3. Rôtir dans le gril rotatif préchauffé à feu moyen pendant 60 minutes jusqu'à ce qu'il soit doré, en badigeonnant de marinade encore et encore. Retirez le rôti de dinde de la rôtissoire et coupez-le en tranches.

CONCLUSION

Enfin, il convient de se rappeler les étapes.

- Faites attention à la qualité de la viande.
- Gardez tout propre. Si vous avez des enfants ainsi que des animaux domestiques, éloignezles du feu.
- Si possible, restez près du gril, que ce soit vous seul ou la personne responsable du rôtissage de la viande. De cette façon, vous aurez un meilleur contrôle sur votre brager et pourrez préparer un délicieux barbecue.
- Après le barbecue, gardez tous les ustensiles et le carburant hors de la portée des enfants.
- Si le barbecue est de type portable ou improvisé, prenez toutes les mesures qui ne présentent pas de risque pour les personnes, notamment les enfants et les personnes âgées.
- En respectant toutes ces précautions adaptées à votre réalité, votre barbecue fera toujours parler d'eux parmi vos amis et votre famille. Le barbecue doit non seulement être délicieux, mais aussi sûr et conçu pour que tout le monde soit toujours heureux et satisfait.

www.ingramcontent.com/pod-product-compliance
Lightning Source LLC
Chambersburg PA
CBHW050355120526
44590CB00015B/1708